Beautiful Places
BAYERN

Britta Mentzel

Beautiful Places
BAYERN

Zeitlos schöne Ziele vom Main bis zu den Alpen

BRUCKMANN

INHALT

↑ Der Tegernsee ist einer von 200 Seen in Bayern, aber sicher einer der schönsten. Richtung Süden zu sehen: Rottach-Egern und der Wallberg
↓ Hut ab! In Bayern werden Traditionen bis heute gepflegt – hier beim Allgäuer Viehscheid. Auch im Winter ein herrlicher Anblick: die Theatinerkirche am Münchner Odeonsplatz. Meditationsplatz im Wald: Kengo Kumas spektakuläre Holzarchitektur bei Mittenwald. Exotik auf 1870 Metern: das Königshaus auf dem Schachen. Bescheidene Schönheiten: Küchenschellen im Altmühltal

FRANKEN 98

OBERPFALZ UND NIEDERBAYERN 134

↑ Der Fries am Alten Rathaus der Inselstadt Lindau zeigt einen Festzug während des Reichstags 1496.
↓ Ein Prosit! Auf den entspannten Abend im Biergarten von Schloss Blumenthal. Höchst ungewöhnlich: die Kirche St. Josef in Weiden in der Oberpfalz. Kostbares Welterbe: der Bühnenraum des Markgräflichen Opernhauses von Bayreuth. Freie Fahrt: auf dem Donau-Radweg. Moderner Klangkörper: das Konzerthaus in Blaibach

THEMEN

GENUSS

SEHENSWÜRDIGKEITEN – KULTUR

NATUR

TOUREN – AKTIVITÄTEN

↑ Alle Wetter! Bayern bietet Ziele für jede Jahreszeit und sämtliche Wetterlagen: ein heißer Tag in Kempten im Allgäu; ein Kulturausflug in die Würzburger Residenz, um das Deckenfresko zu bestaunen; das Naturwunder Tassilolinde bei Wessobrunn und eine herbstliche Wanderung zu den typischen Wollsackverwitterungen am Gipfel des Dreisessels im Bayerischen Wald.

UNSER NACHHALTIGKEITSKODEX

Die Welt birgt viele Wunder, Abenteuer und spektakuläre Aussichten, die wir gerne erkunden möchten. Doch sie ist auch leicht aus dem Gleichgewicht zu bringen. Hier ein paar Tipps, wie wir unsere Welt nachhaltig entdecken können:

- **Die Hauptsaison meiden:** Wenn wir nicht gerade auf die Ferienzeiten angewiesen sind, können wir der Umwelt einen großen Gefallen tun, indem wir in der Nebensaison verreisen. Damit tragen wir zu einer gleichmäßigeren Auslastung der Umwelt und der Infrastruktur bei, und der Urlaub wird dazu auch noch wesentlich entspannter.

- **Die Aufenthaltsdauer dem Reiseziel anpassen:** Je weiter das Reiseziel ist, desto länger sollte der Aufenthalt sein. Dadurch lernen wir die Region nicht nur intensiver kennen, sondern stärken sie ganz nebenbei noch durch unsere Ausgaben vor Ort. Anfahrtsintensive Tagesausflüge sollten besser vermieden werden, das bedeutet nur Stress, sowohl für die Umwelt als auch für uns selbst.

- **Auf umweltschonende Verkehrsmittel setzen:** Wo es möglich ist, reisen wir mit öffentlichen Verkehrsmitteln an. Das reduziert nicht nur die Luftverschmutzung, sondern schont auch unsere Nerven. Falls das nicht geht, helfen verschiedenste Plattformen dabei, den CO_2-Ausstoß auszugleichen, vor allem, wenn das gewünschte Reiseziel nur mit dem Flugzeug zu erreichen ist.

- **Nur dort parken und campen, wo es erlaubt ist:** Selbst, wenn wir uns noch so vorbildlich verhalten und unseren Aufenthaltsort so hinterlassen, wie wir ihn vorgefunden haben, stören wir den Lebensraum von Wildtieren und hinterlassen Spuren und Gerüche. Auch Lagerfeuer entzünden wir ausschließlich an den dafür vorgesehenen Stellen und achten dabei auf Waldbrandstufen und Naturschutzgebiete.

- **Ressourcen gewissenhaft nutzen:** Manche Umweltressourcen sind bereits knapp, endlich sind auf jeden Fall alle. Um sie zu schonen, sollten wir sparsam mit ihnen umgehen, gerade in Gegenden, in denen zum Beispiel Wasser oder Strom nicht im Überfluss vorhanden sind.

- **Ein guter Gast sein:** Nachhaltig unsere Umgebung zu erkunden bedeutet auch, der hiesigen Flora und Fauna mit Respekt zu begegnen. Pflanzen sollten auf keinen Fall gepflückt werden, aber sie stehen uns bestimmt gerne Modell für das eine oder andere Foto. Das Gleiche gilt für wilde Tiere: Wir füttern sie nicht, halten Abstand und beobachten sie aus der Ferne.

- **Auf den Wegen bleiben:** Wer die vorgegebenen Wege verlässt, dringt nicht nur in die Rückzugsräume heimischer Arten ein, sondern trägt auch dazu bei, dass sich neue Wege bilden, was zur Erosion des Bodens führt.

- **Abfall wieder mitnehmen:** Plastikverpackungen jeglicher Art, Dosen, Flaschen und Papiertaschentücher (es dauert Jahre, bis sich ein einzelnes Taschentuch vollständig abgebaut hat!) gehören nicht in die Natur, sondern artgerecht entsorgt. Am besten gleich eine wiederverwendbare Brotdose oder Trinkflasche mitnehmen. Dazu zählen natürlich auch Toilettenpapier und der Inhalt von (Chemie-)Toiletten. Entsprechende Entsorgungsstationen finden sich überall.

- **Lokal kaufen:** Dadurch lernen wir Land und Leute besser kennen und unterstützen die regionale Wirtschaft, außerdem sind regionale Produkte meist auch preisgünstiger und qualitativ hochwertiger.

So wie wir die Umwelt respektieren, wollen wir auch unseren Mitmenschen und deren Kultur Respekt entgegenbringen, gerade im Hinblick auf Traditionen, Religion oder typische Gebräuche. Ein Lächeln etwa oder ein paar Worte in der Landessprache können Berge versetzen!

Erfurt
Jena
Gera
Chemnitz
Bad Hersfeld
Eisenach
Thüringen
Sachsen
Zwickau
Hessen
Meiningen
Suhl
Fulda
Himmeldunkberg
32
Bischofshm. a. d. Rhön
Plauen
Mödlareuth
Hof
Bad Brückenau
31 Pfad der Baumgiganten
Bad Kissingen
Coburg
Kronach
Hammelburg
Königsberg
Bad Staffelstein
Roter Main
Kulmbach
Selb
Schweinfurt
Main
Bad Berneck
Markgräfliches Opernhaus 36
Waldsassen
TSCHECHIEN
Aschaffenburg
Karlstadt
Werneck
Hallstadt
Bayreuth
Volkach
Bamberg
35 Rosengarten der Residenz
Tirschenreuth
Marktheidenfeld
34 Baumwipfelpfad Ebrach
PLZEŇ
30 Residenz
37 Tropfsteinhöhle
Buttenheim
Würzburg
Pottenstein
Grafenwöhr
Miltenberg
Forchheim
Weiden i. d. Oberpfalz
Jugendstilkirche St. Josef 38
Amorbach
33
Ochsenfurt
Regnitz
Erlangen
Pegnitz
Neustadt a. d. Aisch
Hersbruck
Hirschau
Fürth
Nürnberg
Oberviechtach
Neckar
Rothenburg o. d. Tauber
27 28
Luftmuseum 39
Amberg
Orangerie 29
Feucht
Lohr
Ansbach
Schwandorf
Baden-
Schwabach
Neumarkt i. d. OPf.
Furth i. Wald
Cham
Naab
Regen
Gr. Brombachsee
Main-Donau-Kanal
Blaibach
Feuchtwangen
40 Konzerthaus
Heilbronn
Altmühlsee
Gunzenhausen
Beilngries
41 Steinerne Brücke
26
Dinkelsbühl
Weißenburg i. Bayern
Altmühl
Regensburg
Zwiesel
Freilichtmuseum 45
Finsterau
Donau-Durchbruch und Kloster Weltenburg
Regen
Pappenheim
17 Wacholderheide
42
18
Eichstätt
Weltenburg
Straubing
Deggendorf
Grafenau
Schwäbisch Gmünd
Nördlingen
Freyung
44
Saldenburg
STUTTGART
Donauwörth
Donau
Ingolstadt
Tittling
Württemberg
Käthe Kruse 22
Ergoldsbach
Isar
Landau a. d. Isar
Vils
Lech
Mainburg
43 Dom
Passau
Neckar
Paar
46 Burg Trausnitz
Reutlingen
Dillingen a. d. Donau
Pfaffenhofen
Landshut
Rott
16
Aichach
Vilsbiburg
Günzburg
Gersthofen 21
Ulm
Neu-Ulm
19 Maria Birnbaum
Freising
Amper
Bad Füssing
Augsburg 20
Vils
Eggenfelden
Inn
Albstadt
Dachau
Erding
Mühldorf am Inn
Neuötting
Krumbach
Haag
Illertissen
Fürstenfeldbruck
13 14
Altötting
Burghausen
15
Germering
MÜNCHEN
Donau
Mindelheim
Wörthsee
Pilsensee
Wasserburg
Raitenhaslach
Trostberg
Landsberg a. Lech
Ammersee
Starnberg
Kloster Seeon 1
2
Tachinger See
Memmingen
Wolfratshausen
Chiemsee
Laufen
Ottobeuren
Tassilolinde
Rosenheim
Prien
Kaufbeuren
Wessobrunn 11
Starnberger See
Traunstein
12
Bad Tölz
Olaf-Gulbransson-Museum
Aschau
Anger
SALZBURG
Iller
Schongau
Wendelstein 1838
Marktoberdorf
Benediktbeuern
Friedrichshafen
Kempten (Allgäu) 23
5
4 Hochgern
Staffelsee
Tegernsee
Schliersee
Bad Reichenhall
Konstanz
Wieskirche 10
Murnau 9
Rottach-Egern
Kiefersfelden
Berchtesgaden
Kochelsee
Lindenberg
Forggensee
8
Oberammergau
Wimbachtal 3
Bodensee
25
Alpsee
Grünten 1738
Füssen
Schloss Linderhof 7
Garmisch-Partenkirchen
Walchensee
Königssee
Watzmann 2713
Lindau
Immenstadt
6 Hotel Kranzbach
Bregenz
Nebelhorn 2224
St. Gallen
Breitachklamm 24
Eibsee
Zugspitze 2962
Mittenwald
Lech
Oberstdorf
ÖSTERREICH
SCHWEIZ
Rhein
Innsbruck
N
0
20 km

VORWORT

EIN LAND WIE KEIN ANDERES

Tief in Traditionen verwurzelt und voller Lebenslust, reich an Attraktionen und gesegnet mit herrlichen Landschaften – Bayern kann sich glücklich schätzen! Und seine Besucherinnen und Besucher auch: Ihnen bietet der Freistaat vom Main bis zu den Alpen zahlreiche »Beautiful Places«, darunter viel Überraschendes.

Keine Gegend ist nur voll schöner Plätze – aber in Bayern gibt es zumindest ziemlich viele davon. So viele, dass selbst in einem Buch mit 46 Kapiteln und ebenso vielen Tipps eine große Menge dessen ungenannt bleibt, was der Erwähnung unbedingt wert wäre. Mächtige Bauten wie Neuschwanstein und kleine wie Münchens St. Nepomuk, berühmte Gärten wie der in Veitshöchheim oder versteckte wie hinter dem Medizinhistorischen Institut in Ingolstadt, höchste Berge wie die Zugspitze oder tiefste Seen wie der Königssee mit seinen 190 Metern eiskalter Bläue bis zum Grund. Für manche Menschen ist vielleicht ein Museum wie das Porzellanikon in Wunsiedel einer der schönsten Plätze im Freistaat, zwischen all den menschengemachten Pretiosen. Oder ist nicht sowieso die Natur die größte Künstlerin? Gebührt dem romantischen Rothenburg nicht ein fester Platz unter den schönsten Places, und verdient nicht ein historisches Langzeitprojekt wie die Burghausener Burg Beachtung? Alle bisher genannten Orte kommen jedenfalls in diesem Buch nicht vor, aber sie zählen ja ohnehin zu Bayerns Besuchermagneten.

Zwischen Himmel und Höhle

Stattdessen folgt die vorliegende Auswahl dem Wunsch, die Dimensionen anzudeuten, in denen Bayern Entdeckungen bietet: von der Höhle bei Pottenstein bis auf den knapp 2000 Meter hohen Jenner bei Berchtesgaden, von den Orgelklängen in Amorbach bis zum Wasserrauschen der Breitachklamm, von der unerreichbaren Perfektion barocker Kunst in der Wieskirche bis zum sensationell modernen Klangkörper des Konzerthauses in Blaibach. Es geht darum, wunderbare Orte neben den tausendfach genannten vorzustellen und die Neugier auf die kleinen Sensationen zu wecken, auch wenn sie nicht in Hochglanzaufmachung daherkommen oder ein wenig abseits liegen.

Wer kennt den Hochgern, einen bezaubernden und leicht zu besteigenden Gipfel der Chiemgauer Berge, und wer hat bereits das Bier im Klosterbräuhof Raitenhaslach probiert, gebraut nach der Rezeptur von 1286? Bei manchen empfohlenen Plätzen sind es die Details, die berühren: weinende Putten, das bescheidene Bauernhäuschen im hintersten Winkel des Bayerischen Waldes, ein Kind, dessen Gesicht Tausende von Puppen schmückt. Bei anderen – wie etwa in Dinkelsbühl oder auf Nürnbergs Johannis-Friedhof – beeindruckt das Gesamtensemble. Und wer wollte nicht für mächtige Bäume oder duftende Rosengärten schwärmen? In diesem Buch ist Platz für das Kuriose – was verbirgt sich hinter einem Luftmuseum? Wieso ist Landshuts Burg Trausnitz leer? – wie für das Historische: Wo findet man das älteste Tier in Bayern? Und wie kommt ein byzantinisches Kirchlein in die schwäbische Provinz?

Die Bewertung dessen, was schön ist, kann nur subjektiv sein – aber sich an objektiv Nachvollziehbares halten. Passau, die fragile Stadt zwischen Donau und Inn, galt schon vor einem halben Jahrtausend als überirdisch schön. Und Kengo Kumas Meditationshaus am Hotel Kranzbach bei Krün könnte noch in 500 Jahren begeistern. Bayern zwischen Himmel und Höhle und in Bausch und Bogen: Dieses Buch zu den *Beautiful Places* im Freistaat ist eine Einladung, sich auf den Weg zu machen. Und dabei wenigstens nochmal so viele schöne Plätze zu entdecken! *Britta Mentzel*

← In Passau wird der Barock lebendig: Seit mehr als 350 Jahren ist die Stadt die reine Pracht.
↑ Ein Gipfel für alle: Der Hochgern in den Chiemgauer Alpen empfiehlt sich als ideales Wanderziel.
↗ Eine Burg mit Geheimnis: Die Burg Trausnitz über Landshut birgt traumhafte Malereien.

SEITENBLICKE AUF BAYERN

Im größten deutschen Bundesland leben mehr als 13 Millionen Einwohner – Tendenz steigend. Für die ungebrochene Attraktivität Bayerns sprechen landschaftliche, lebensartliche sowie wirtschaftliche Argumente. Und jede Menge andere Gründe.

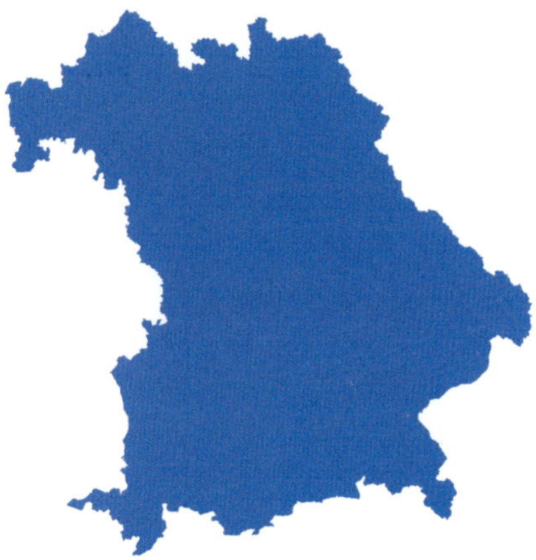

FAKTEN ZUM FREISTAAT

Zu den vielen Dingen, die Bayern besonders auszeichnen, gehören sicher die Unterschiede in der Wahrnehmung: Für die meisten Einwohnerinnen und Einwohner kommt **kein anderes Bundesland** als Wohn- und Lebensort in Frage, da mag der Rest von Deutschland noch so sehr den Kopf darüber schütteln, dass hier seit **fast 60 Jahren** die gleiche Partei regiert oder dass der **Dialekt** zum guten Ton gehört – obwohl ihn immer weniger Menschen sprechen. Nach der Anzahl der Quadratkilometer Fläche wie auch der Bevölkerung hat **Oberbayern** im Freistaat die Nase vorn, gefolgt (nach Einwohnern) von Schwaben und Mittelfranken.

3,3 PROZENT

betrug die Arbeitslosigkeit im Juli 2023, trotz leicht steigender Tendenz bedeutet das fast Vollbeschäftigung. Die niedrigsten Quoten haben die Landkreise Bad Tölz-Wolfratshausen und Pfaffenhofen.

188 MAL

fand die Wiesn bisher statt. Das größte Volksfest der Welt zog 2023 bei herrlichem Wetter 7,2 Millionen Gäste an – ein neuer Spitzenwert für die 18 Tage dauernde XXL-Wiesn. »Nur« 6,5 Millionen Liter Bier wurden ausgeschenkt, deutlich weniger als 2019 – dagegen lag die Maß Wasser im Trend. Mehr als 3200 Gegenstände blieben liegen, darunter ein Fußballpokal und ein Hochzeitsgeschenk.

4 GLETSCHER

gibt es noch in Bayern, der Südliche Schneeferner an der Zugspitze hat diesen Status 2022 verloren. Zu den verbliebenen Gletschern gehören der Nördliche Schneeferner, der Höllentalferner, der Watzmann- und der Blaueisgletscher.

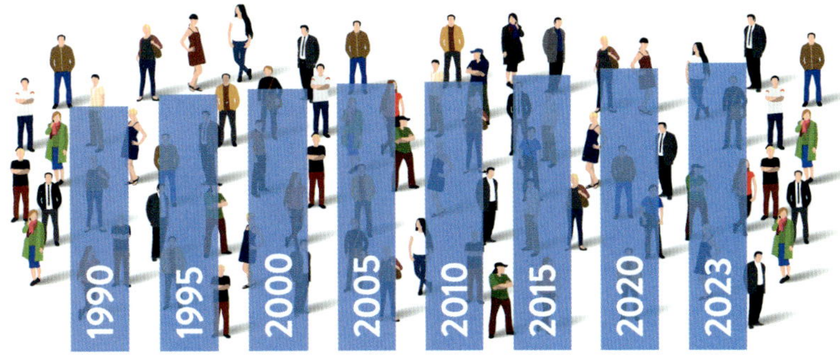

7 LANDRÄTINNEN

stehen 64 Landräte im Freistaat gegenüber. Ähnlich selten kommen Oberbürgermeisterinnen vor: 3 in den 25 kreisfreien Städten des Freistaats. Nach der Landtagswahl im Oktober 2023 sitzen 51 Frauen im Parlament, die Frauenquote beträgt 25,1 Prozent.

14,60 EURO

kostet die durchschnittliche Nettokaltmiete pro Quadratmeter in München im Jahr 2023. Das sind fast 25 Prozent mehr im Vergleich zu 2019 und mehr als doppelt so viel wie in Dessau. Für Neubauwohnungen müssen Münchner mehr als 20 Euro für den Quadratmeter zahlen – der deutsche Spitzenwert.

1,9 MIO. EINWOHNER

hat Bayern seit 1990 dazugewonnen, das entspricht einem Zuwachs von 17 Prozent. Derzeit leben rund 13,4 Millionen Menschen in Deutschlands Südosten, mehr als in ganz Belgien. Vor allem die Zuwanderung aus dem Ausland ist Ursache der Entwicklung, fast jede(r) Dritte hat einen Migrationshintergrund. Auch bei der Binnenwanderung liegt Bayern vorn.

1,069 LITER

war das exakte Maß der Maß. Was heute reichlich krumm erscheint, entsprach Anfang des 19. Jahrhunderts einer Maßkanne und vereinheitlichte die bis dato munter divergierenden Füllmengen. Erst seit 1872 passt genau ein Liter Bier in die gut gezapfte Maß.

92 MIO. ÜBERNACHTUNGEN

zählten die bayerischen Hotellerie- und Gastbetriebe im Jahr 2022. Mehr als **34 Millionen Menschen** verbrachten hier ihren Urlaub – das entspricht einem Zuwachs um **75 Prozent** bzw. **51 Prozent** im Vergleich zum Corona-Jahr 2021. Trotz dieser beachtlichen Gewinne lagen die Werte allerdings unter dem **Spitzenjahr 2019**. Rund **550 000 Menschen** leben in Bayern direkt oder indirekt vom Tourismus, das entspricht etwas mehr als **7 Prozent aller Erwerbstätigen**. Im Rekordjahr 2019 gaben die Besucherinnen und Besucher rund **47,5 Milliarden Euro** im Freistaat aus. Bayerns beliebteste Sehenswürdigkeit? Die **BMW-Welt** in München.

DER PERFEKTE TAG

Das Fünf-Seen-Land ist ein lohnendes Ziel für viele Tage. Doch wer es ganz eilig hat, kann die Höhepunkte von Starnberger und Ammersee, von Pilsen-, Wörth- und Weßlinger See auch in wenigen Stunden erleben – und abends auf seine Kondition anstoßen.

8 UHR – AUFTAKT AM AMMERSEE Vor der schnellen Runde im Fünf-Seen-Land schadet ein wenig Besinnung nicht. Für das Marienmünster von Dießen versammelte der ab 1728 amtierende Propst alle Künstler, die im südbayerischen Barock Rang und Namen hatten. Entstanden ist ein lichtes, fröhliches Kirchenwunder.

9 UHR – VON DIESSEN BIS HERRSCHING SCHIPPERN Vier neue Dampfer fahren über den Ammersee, optisch angelehnt an den 1920er- und 1930er-Jahre-Schick. Die schöne Passage über den südlichen See führt von Dießen über Riederau nach Herrsching.

10 UHR – NACH ANDECHS PILGERN Eine Wanderung von etwa anderthalb Stunden durch das urwüchsige Kiental zwischen Herrsching und Erling sorgt für Auslauf und Appetit. Knapp 150 Höhenmeter verteilen sich auf vier Kilometer – am Ende führen ein paar Treppenstufen auf den Heiligen Berg.

12 UHR – EINE BROTZEIT IM KLOSTER-BIERGARTEN Die wunderschöne Rokokokirche ist das eine, die acht selbstgebrauten Biersorten in Bräustüberl und Biergarten ein anderes Argument für die Mittagspause in Andechs.

14.30 UHR – MUSEUMSBESUCH IN BERNRIED Lothar-Günther Buchheim war ein streitbarer Mensch, ein vielseitig begabter Künstler und ein begnadeter Sammler. In seinem Museum der Phantasie bei Bernried am Starnberger See hat er exquisite Bilder deutscher Expressionisten zusammengetragen. Die Museumsarchitektur gleicht einem Schiff.

15 UHR – ABSTECHER ZUR ROSENINSEL Schmachten mit Sisi und Ludwig: Angeblich haben die Kaiserin und der Kini hier ein Schäferstündchen verbracht. Nur 170 Meter vom Ufer entfernt, kann man zur Insel rudern, schwimmen oder sich übersetzen lassen.

19 UHR – SPEISEN BEIM FISCHMEISTER Zehn Schritte hinter dem Bootssteg Ambach, am ruhigeren Ostufer des Starnberger Sees, serviert der Fischmeister bayerisch-mediterrane Gerichte, an lauen Abenden auch im Biergarten.

21 UHR – SONNENUNTERGANG IM PARADIESWINKEL Türkisblau ist das Wasser im Wörthsee, kühl das Getränk im Gasthof Woerl und farbenfroh der Himmel am idealen Sonnenuntergangsplatz zwischen Steinebach und Schlagenhofen. Dießen liegt nur 20 Taxi-Kilometer entfernt.

← Schnell rüber: Die Fährfahrt zur Roseninsel dauert nur wenige Minuten. Am Ufer des Starnberger Sees lebten schon zur Steinzeit Menschen.
↖ Die Mühe lohnt: Am Ende des »Heiligen Bergs« wartet der Kloster-Biergarten von Andechs.
↑ Freie Sicht: An klaren Tagen reicht der Blick – hier von Tutzing aus – weit über den Starnberger See bis zu den schneebedeckten Alpengipfeln.
↗ Hohe Kunst: Zwischen Bernried und Feldafing steht das Buchheim-Museum mit seiner exquisiten expressionistischen Sammlung.
↓ Ein Traum am Abend: der Sonnenuntergang im Paradieswinkel am Wörthsee

MEINE 10 LIEBLINGSORTE

1 **DER JENNER:** Mit 1874 Metern Höhe ist der Gipfel des Jenner einer der höchsten Aussichtsbalkone des Landes. Vis-à-vis macht sich der Watzmann breit, tief unten schimmert der Königssee, und ringsum reihen sich markante Gipfel (Kap. 3/Tipp).
▶ **WEIL … Deutschlands schönster Berg auf Augenhöhe liegt**

2 **DONAU-DURCHBRUCH, WELTENBURG:** Der große Strom macht sich zwischen den Felsen vor Kelheim ganz dünn, um durch die Weltenburger Enge zu passen. Vor dem natürlichen wartet ein menschengemachtes Wunder: die Asam-Kirche von Kloster Weltenburg (Kap. 42).
▶ **WEIL … hier Fluss und Frömmigkeit harmonieren**

3 **DER HAFEN VON LINDAU:** Auch Bayern hat einen Leuchtturm: Er schmückt seit knapp 170 Jahren die Hafeneinfahrt von Lindau. Im Inselstädtchen am Bodensee wiegen sich die Palmen an der Uferpromenade, während der Schnee auf den nahen Bergen glänzt (Kap. 25).
▶ **WEIL … mehr Süden im Norden nicht geht**

4 **KONZERTHAUS, BLAIBACH:** In einem verschlafenen Ort im Bayerischen Wald gelingt dem Konzerthaus dreierlei: Es holt Künstler, die das Publikum begeistern, es belebt die Ortsmitte, und es löst schwierige Bauplatzbedingungen brillant (Kap. 40).
▶ WEIL ... **zeitgenössische Architektur hier perfekt klingt**

5 **JURA-MUSEUM, EICHSTÄTT:** Noch Dino oder schon Vogel? Der Archaeopteryx gibt die Antwort im modernen Naturkundemuseum auf Eichstätts Willibaldsburg. Eine weitere Attraktion wartet vor ihren Mauern: der Bastionsgarten (Kap. 18).
▶ WEIL ... **Urgeschichte ganz nah kommt**

6 **ODEONSPLATZ, MÜNCHEN:** Residenz, Feldherrnhalle und Theatinerkirche bilden die Kulisse für den wahren Stadtmittelpunkt. Ein Platz voller Bedeutung – und ein großer Selbstdarsteller (Kap. 14).
▶ WEIL ... **er Münchens Pracht auf kleinem Raum zeigt**

7 **PFAD DER BAUMGIGANTEN, BAD KISSINGEN:** Bayern hat viele schöne Wälder und einige Baumwipfelwege, aber die 200 Jahre alten Baumgiganten rücken alles in die richtige Perspektive: wir unten und die Natur himmelhoch (Kap. 31).
▶ WEIL ... **man stille Reichtümer schätzen lernt**

8 **BREITACHKLAMM, OBERSTDORF:** Die Breitach ist nur gut 20 Kilometer lang, aber sie hat seit dem Ende der Eiszeit die tiefste Felsschlucht Mitteleuropas geschaffen: 1600 Meter lang und bis zu 200 Meter tief (Kap. 24).
▶ WEIL ... **sie auch im Winter ein Erlebnis ist**

9 **MARKGRÄFLICHES OPERNHAUS, BAYREUTH:** Das Schatzkästlein der Markgräfin Wilhelmine ist seit 1750 original erhalten – ein Logentheater mit drei Rängen aus Holz, kostbar ausgestaltet von einem italienischen Dekorationskünstler und nur selten bespielt (Kap. 36).
▶ WEIL ... **hier Weltkulturerbe entzückt**

10 **OLAF GULBRANSSON MUSEUM, TEGERNSEE:** Zeichner, Kumpel, Lebenskünstler – Olaf Gulbransson hat die Menschen durchschaut und ist trotzdem ihr Freund geblieben. Das kleine Museum zeigt seine feine Strichkunst. Und draußen funkelt der Tegernsee (Kap. 5).
▶ WEIL ... **es drinnen und draußen kaum schöner geht**

Britta Mentzel
ist am liebsten mit dem Fahrrad
im Fünf-Seen-Land unterwegs.

BAYERNS BESTE FESTE

Es muss nicht immer das Oktoberfest sein – der Freistaat lebt seine Traditionen allerorten und nimmt sie zum Anlass für viele schöne Festtermine im Jahresverlauf. Die vorgestellten Veranstaltungen bieten nur eine bescheidene Auswahl aus einem Kalender voller Feste, die regionales Flair und bayerische Lebensart zusammenbringen.

FRÜHLING

SEEPROZESSION STAFFELSEE

Seen gibt es viele im Freistaat, doch nur eine Seeprozession: Jedes Jahr zu Fronleichnam setzen nach der Messe in der Seehausener Kirche St. Michael Geistliche und Gläubige in festlich geschmückten Booten zur Insel Wörth über und pilgern zur Kapelle St. Simpert. Fronleichnamsgänge sind in Oberbayern seit dem 13. Jahrhundert belegt, die Seeprozession aber ist eine Erfindung des 20. Jahrhunderts: Sie stammt von 1935.

PFINGSTRITT BAD KÖTZTING

Er ist Teil des Immateriellen Kulturerbes von Bayern und eine reine Männersache: Den Pfingstritt zu Bad Kötzting bestreiten 700 ausschließlich männliche Wallfahrer. Sie erinnern damit an das Jahr 1412, als ein Geistlicher einem Sterbenden unter dem Schutz Kötztinger Burschen die Sakramente ins sieben Kilometer entfernte Steinbühl brachte.

ERLANGER BERGKIRCHWEIH

Bayerns ältestes Bierfest fand schon statt, als die Wiesn noch in den Sternen stand. Am 21. April 1755 schlug die Geburtsstunde der Bergkirchweih. Damals wurde der Pfingstmarkt aus der Altstadt auf den Burgberg verlegt – näher ans Bier in den Felsenkellern.

SCHÄFFLERTANZ MÜNCHEN

Die Landeshauptstadt gilt nicht gerade als Faschingshochburg und hält sich aus den tollen Tagen weitgehend heraus. Echte Begeisterung aber weckt alle sieben Jahre der Schäfflertanz. Seine Tradition geht auf das Pestjahr 1517 zurück, als die Fassmacher die Münchner Bürger durch ihren Tanz aufgeheitert haben sollen. Die Saison der rot, schwarz und grün gewandeten Schäffler reicht von Dreikönig bis zum Faschingsdienstag.

SOMMER

RUETHENFEST LANDSBERG AM LECH

Alle vier Jahre übernehmen die Kinder das Regiment: Beim Ruethenfest Mitte Juli zeigen rund 1000 junge Darstellerinnen und Darsteller in historischen Kostümen Szenen der örtlichen Geschichte und gestalten die Festumzüge. Das Ruethenfest erinnert seit 1647 an den Auszug von Kindern und Lehrern vor die Stadt, um frische Frühlingszweige zu brechen.

NÖRDLINGER MESS'

Das größte Volksfest Nordschwabens füllt Mitte Juni für neun Tage die Kaiserwiese mit 200 Ständen, Fahrgeschäften und Publikum – einige Zehntausend sind es jedes Jahr.

BAMBERGER SANDKERWA

Fünf Tage im August feiert die komplette Bamberger Altstadt Sandkerwa rund um das zentrale Spektakel am Sonntag, das Fischerstechen auf der Regnitz. Vollständig heißt die 1951 begründete Kirchweih »Sand-Elisabethen-Kerwa«.

FRÄNKISCHES WEINFEST VOLKACH

Gut 50 000 Feierfreudige besuchten zuletzt das größte fränkische Weinfest in seinem 73. Veranstaltungsjahr. Die wichtigste Zahl: Es gab 120 Frankenweine zu verkosten.

HERBST

PASSAUER HERBSTDULT

Bischof Konrad I. hat den Mund nicht zu voll genommen: »Auf ewige Zeiten« erlaubte er 1164 seinen Passauern einen zweiwöchigen Jahrmarkt. Seine Schäfchen nahmen ihn beim Wort, verlegten die Dult vom Hochsommer auf Anfang September und gedenken seitdem in Bierzelten und Fahrgeschäften des spendablen Bischofs. Und weil's so schön ist, gibt es im Mai noch eine weitere Dult auf dem Dultberg an der Dreiländerhalle.

ALLGÄUER VIEHSCHEID

Mitte September ist Zeit für den Almabtrieb: In Balderschwang, Gunzesried, Bolsterlang und Obermaiselstein gibt es ihn vier Mal innerhalb einer guten Woche.

WINTER

LINDAUER HAFENWEIHNACHT

Im Advent wird ganz Lindau zur »Weihnachtsinsel«. Höhepunkt entlang der Uferpromenade ist die vierwöchige Hafenweihnacht.

So schön kann es gehen: Auf den Hochgern gelangen Wanderer ohne allzu große Mühe.

OBERBAYERN

Im Süden Berge, in den Städten Kultur und dazwischen herrliche Landschaften

1

KLOSTER SEEON – ST. LAMBERT UND KLOSTERSEE

MEISTERLICHES ENSEMBLE

Dass Pfalzgraf Aribo I. und seine Frau Adala diesen Ort wählten, um 994 ein Kloster zu gründen, verwundert nicht: Das Inselchen im Seeoner See hat eine betörende Lage, ist gleichermaßen vor Feinden geschützt wie von der Natur begünstigt. Wer hier die moderne Seminar- und Tagungsstätte besucht, kann sich freuen!

Es mag paradox klingen, aber die Kirche St. Lambert bevölkern – auch wenn sie leer ist – annähernd 50 Menschen. Sie treiben sich zwischen Langhaus und Mönchschor herum, an den Wänden des Hochschiffs und zwischen den Jochen des Rippengewölbes. Die ältesten erhaltenen Malereien stammen noch aus der Spätgotik, Künstler der Gegend um Assisi schufen die anderen im späten 16. Jahrhundert: die Apostel und Evangelisten, alle 14 Nothelfer, die Erzengel, Propheten und viel weitere biblische Prominenz samt menschlichen Statisten fürs Jüngste Gericht. Mitten im Langhaus lenkt die Daxenberger Kreuzigungsgruppe aus der Zeit um 1390 den Blick unweigerlich zur Decke. Sie scheint über den Bänken zu schweben. Wenn man genau darunter steht, sieht man sein eigenes Konterfei im Spiegelglas des Balkens und direkt über dem zwei Meter hohen Kreuz der Figurengruppe das Fresko von Christi Himmelfahrt. Noch wundersamer wird die Atmosphäre in St. Lambert, sobald die Orgel erklingt. Es ist zwar nicht mehr dieselbe, auf der der elfjährige Mozart spielte, aber die Originaltastatur existiert noch und wird im Kloster gehütet. Besondere Freude dürfte das kindliche Genie am Nachtigall- und Kuckuckregister gehabt haben.

Echte Pretiosen und falsche Prinzessinnen

St. Lambert ist die eine Attraktion des Gesamtensembles um das 994 gegründete Kloster, das Kirchlein St. Walburgis eine zweite. Die Familie Leuchtenberg, über eine Ecke mit Napoleon und den Wittelsbachern verwandt, überließ das Kirchlein samt Friedhof 1969 der Gemeinde Seeon-Seebruck. Die restaurierte sorgsam und legte Fresken aus dem 16. Jahrhundert frei, so zart und unkonventionell, wie man es selten sieht. Lange Zeit war allerdings eher der Friedhof mit seinen russisch-orthodoxen Kreuzen eine Anlaufstelle der Verehrung: Hier ruht Anastasia Anderson Manahan seit 1984, die ihr ganzes Leben lang darum kämpfte, als jüngste und einzige überlebende Tochter des letzten russischen Zars Nikolaus II. anerkannt zu werden. Tatsächlich hieß sie Franziska Schanzkowski.

Als herrliche Plätze rund um den geschichtsträchtigen Flecken bieten sich drei Punkte an: die Seeterrasse der Klostergaststätte direkt am See sowie die Mozarteiche, etwa 100 Meter vom Seeufer entfernt. Angeblich hat sie Pater Johannes Baptist gepflanzt, die Bezugsperson des kleinen Wolferl in Seeon. Oder das Holzbrückchen nach Waltenberg, von dem der Blick weit über Schilf und See geht ins liebliche Chiemgau-Grün.

INFO

FRÜH ZUR FRAUENINSEL

Überwindet Euch, liebe Langschläfer! Ein sommerlicher Besuch der Fraueninsel im Chiemsee empfiehlt sich in den Morgenstunden, je früher, desto besser. Dann hat man nach der kurzen Überfahrt von Gstadt die nur 300 Meter breite und maximal 600 Meter lange Insel beinahe für sich; abgesehen vielleicht von einer Nonne oder einer Gärtnerin, die die Rosen wässert. Alle Attraktionen liegen naturgemäß eng zusammen: die Kirche Maria Opferung aus dem späten 11. Jahrhundert mit dem blankgeriebenen Türzieher aus karolingischer Zeit und dem Campanile, die hochmittelalterliche Torhalle, die kleinen Bootshäuser auf der Südseite und die uralten Bäume: die Tassilo- und die Marienlinde, angeblich gepflanzt vor 1000 Jahren. Nur für die Biergärten am Inselwirt und den Gasthof zur Linde ist es noch ein wenig zu früh.

WEITERE INFORMATIONEN

Kloster Seeon, Klosterweg 1,
83370 Seeon-Seebruck, kloster-seeon.de
chiemsee-chiemgau.info
chiemsee-schifffahrt.de

↖ Die Kuppeln der Kirche St. Lambert überragen den Klosterkomplex am Seeoner See.
↑ So klopften die Karolinger an – Türknauf an der Torhalle auf der Fraueninsel.

2

TACHINGER SEE – PICKNICK BEI ST. COLOMAN

BESCHAULICHES PLÄTZCHEN

Ganz bescheiden steht das Kirchlein St. Coloman über dem Tachinger See und macht sich keine Illusionen, dass die Menschen seinetwegen kommen. Stattdessen genießen sie den Ausblick über den ganzen Rupertiwinkel bis zu den Chiemgauer Alpen, mittendrin einige Badeseen. Ein schönerer Picknickplatz ist kaum denkbar!

Der heilige Coloman müsste man sein. Jedenfalls heute, nicht 1012, als der irische Königssohn auf der Wallfahrt nach Jerusalem festgenommen – im niederösterreichischen Stockerau hielt man ihn für einen böhmischen Spion – und nach ertragenem Martyrium aufgeknüpft wurde, an einem Holunderstrauch. Ungeachtet seines grausamen Endes soll er viele Wunder bewirkt haben, weshalb sich die Coloman-Verehrung entlang seiner möglichen Wanderroute im bayerisch-österreichischen Raum ballt. Die wohl bekannteste bayerische Coloman-Kirche steht allein auf weiter Flur bei Schwangau, die Ammergauer Alpen im Rücken; vor allem im Schnee ein bezauberndes Fotomotiv.

Bei St. Coloman nahe von Tengling oberhalb des Tachinger Sees ist es weniger das Kirchlein, das entzückt, dazu ist es viel zu bescheiden, sondern das Panorama. Von hier aus überblickt man wie auf einem Aussichtsbalkon die Bergketten. Vom Hochstaufen bis zu Kampenwand und Hochfelln bauen sich von Südost nach Südwest die Chiemgauer Berge auf, dahinter die Berchtesgadener Gipfel mit dem gewaltigen Untersberg und weiter im Westen die Allgäuer Höhen. Zu Füßen der Chiemgauer Alpen rollen die Hügel des touristisch vergleichsweise unbeachteten Rupertiwinkels dahin. Er trägt seinen Namen vom großen Bischof in Salzburg, das hier in vieler Hinsicht näher liegt als die bayerische Landeshauptstadt. Unterbrochen wird das Wiesen- und vereinzelte Waldgrün von den blauen Spiegeln des Waginger und des Tachinger Sees, sommerwarme Badeseen dank ihrer durchschnittlichen Tiefen von 14 bzw. 17 Metern.

Abgehoben vom Alltag

Eine Brücke trennt die Gewässer, deren Ufer wenig bebaut, aber dennoch relativ unzugänglich sind, so wollen es die Eigentümer und die Vorschriften des Naturschutzes. Kein Motorboot knattert, und wer im Elektroboot über die Seen schnurren will, braucht eine Genehmigung. Bloß in einer Hinsicht kann den Seen kaum eine andere Region das Wasser reichen: Ringsherum reihen sich zwölf Campingplätze, alle mit Strandbad, einige in Fünf-Sterne-Qualität.

Vom kleinen St. Coloman ist das alles weit entfernt. Nur Grillenzirpen untermalt das Sonnenuntergangspicknick. Um doch einen Blick in die Kapelle zu werfen, muss erst die Küsterin aus dem Haus nebenan mit einem enormen Schlüssel aufsperren. So als bliebe der Innenraum, den seit 1515 ein spätgotischer Hochaltar ziert, lieber für sich.

INFO

DER WEG DES SALZES

Früher war Tittmoning Durchgangsstation für das Salz, das von Hallein nach Burghausen auf der Salzach transportiert wurde – heute legen vom Städtchen mit der markanten Burg die Plätten mit Touristinnen und Touristen an Bord ab. Die flachen Holzkähne mit der hochgezogenen Spitze, 16 Meter lang und gut drei Meter breit, nehmen Kurs auf Burghausen. Gelenkt vom Schiffer mit langem Staken, treiben sie die 16 Kilometer lange Strecke stromabwärts in der Geschwindigkeit, die die Salzach vorgibt: bei ordentlichem Wasserstand flott, bei niedrigem gemütlich. Der Höhepunkt der historischen Tour ist die Einfahrt in Burghausen. Vom Fluss aus wirkt die einen Kilometer lange und damit größte Burganlage Europas, die in ihrer Geschichte kein einziges Mal eingenommen werden konnte, besonders beeindruckend.

WEITERE INFORMATIONEN

St. Coloman, Coloman 2, 83373 Taching am See,
waginger-see.de
inn-salzach.com
tittmoning.de
visit-burghausen.com

← St. Coloman hat wenig Publikumsbesuch – dafür aber eine herrliche Aussicht.
↑ Von Tittmoning startet die Plättenfahrt nach Burghausen, zur längsten Burg Europas.

3

BERCHTESGADEN – DIE WIMBACHKLAMM

IMMER IN BEWEGUNG

Zwischen Watzmann und Hochkalter kriecht ein Schuttstrom Richtung Tal. Teils über-, teils unterhalb des sogenannten Wimbachgrieses fließt der Wimbach, bevor er sich tosend den Weg durch seine enge Klamm bahnt. Faszinierend sind dabei vor allem die verschiedenen Geschwindigkeiten, mit denen das Wasser strömt.

Deutschlands südlichster und einziger Alpen-Nationalpark steckt voller wunderbarer Orte und physischer wie ideeller Höhepunkte: der Watzmann, zweithöchster und formschönster Berg des Landes, der glasklare Königssee, die »Kleine Reibn«, eine der herrlichsten hochalpinen Touren überhaupt, das skurrile Purtschellerhaus, durch das eine Staatsgrenze verläuft, und der geheimnisvolle Funtensee, einer der kältesten Punkte der deutschen Alpen. Die Liste ließe sich lange fortsetzen, und jede Stelle verdiente einen Besuch und seitenlanges Schwärmen. Und doch ist unter diesen ganzen Bergwundern eines ganz besonders: die laut brausende Wimbachklamm am Ende des stillen Wimbachtals.

Das Tal lässt sich in zwei Teile gliedern: den oberen, rund acht Kilometer langen Abschnitt und den unteren, der nur etwa 200 Meter misst. Anders, als man es von üblichen Spannungsbögen gewohnt ist, kommt hier die Aufregung am Anfang: Die Wimbachklamm ist ein einziges tosendes, sprudelndes, tropfendes, rinnendes, überschäumendes Ereignis! Das Wasser überschlägt sich förmlich auf seinem Weg durch die – von unten nach oben immer älter werdenden – Gesteinsschichten aus Radiolarit, Rotkalken, Flaser-, Hornstein- und Dachsteinkalken. 50 Millionen Jahre Erdgeschichte auf 200 Metern, teils schroff abfallend, teils sorgfältig in Steinfalten gelegt. Ein Holzsteg und Steintreppen führen an der rechten Schluchtseite entlang. Ursprünglich für die Holzarbeiter angelegt, die den Fortgang der Holztrift überwachten, wird der Weg heute touristisch genutzt. Schließlich passiert man an der Schwelle zwischen Klamm und Hochtal ein Drehkreuz, und alles ändert sich: die Bergkulisse, der Bach, der Geräuschpegel, sogar die Sonneneinstrahlung. Als hätte die Natur einen Schalter umgelegt.

← Die Wimbachklamm ist nur kurz, aber dramatisch schön. Im Kontrast dazu steht das lange und stellenweise breite Wimbachtal mit dem Gries.

Ein Schlösschen für alle

Jenseits der Klamm ist der Wimbach wie verwandelt. Zunächst noch sichtbar, verschwindet er bald im Gries. Nur bei Hochwasser tritt er zutage und setzt den Schuttstrom in Gang. Jahr für Jahr wandern so 4500 Tonnen zermahlenes Gestein aus dem Wimbachgries durch die Klamm und weiter ins Tal. Gries heißen die verwitternden Bruchstücke aus Dolomit, das neben dem Kalk wichtigste Gestein der mächtigen Bergblöcke von Watzmann und Hochkalter. Früher bedeckte ein großer Gletscher das Wimbachtal, erst mit dem Ende der Eiszeit entstand ein See, und der abfließende Wimbach fräste die Klamm durch die Felsschichten. Dass hier alles in Bewegung ist, ober- und unterirdisch, stellt besondere Ansprüche an die Vegetation. Nur schnell keimende Pionierpflanzen wagen sich in derart unsicherem Terrain vor: die gelb blühenden Brillenschötchen etwa oder die

Weiße Silberwurz. Mit gebührendem Abstand zum Mahlstrom steht im unteren Teil des Wimbachtals ein Buchenwald zwischen moosbewachsenen Findlingen. Bayerns König Ludwig I. ließ ihn pflanzen, vielleicht erhoffte er sich dabei Erholung vom selbstangezettelten Baustress in der fernen Residenzstadt. Vielleicht suchte er auch bloß Schatten, wenn er auf dem Weg ins Wimbachschloss war. Das hat allerdings nichts Royales an sich, sondern war eher eine Art Luxus-Chalet für den Fürstprobst von Berchtesgaden, errichtet auf 941 Metern Höhe. Joseph Konrad Freiherr von Schroffenberg-Mös, späterer Bischof von Freising und Regensburg, gab den Umbau des einfachen Satteldachhauses zum Jagdschlösschen 1784 in Auftrag. Bis 1803 nutzte der letzte Fürstpropst von Berchtesgaden Jagdhaus und -revier, dann zogen für den Geistlichen mit der ausgeprägten Nase und dem gemütlichen Doppelkinn die Säkularisation und ein Schlaganfall den Schlussstrich. Später gewann das Schlösschen dann wirklich ein wenig königlichen Glanz: Maximilian II. und Prinzregent Luitpold liebten die Jagd und die Bergwelt. Heute stärkt sich auf etwa halber Strecke bis zur Wimbachgrieshütte auf 1327 Metern auch das gemeine Wandervolk.

Tief in der Kernzone

Der nächste Streckenabschnitt quert bald den breiten Geröllstrom und führt dann links vom Gries gemächlich bergan durch den lichten Bergwald. Zwischen die Bergahorne mischen sich die seltenen Spirken und mit steigenden Höhenmetern zunehmend Latschen. Mit einigem Glück kann man über der Kernzone kreisende Steinadler sehen, das Wahrzeichen des 210 Quadratkilometer großen Nationalparks. Hirschwieskopf, Hundstod und Palfenhörner schließen das Tal im Süden ab. Und wer jetzt noch viel Puste und genügend Zeit hat, denkt womöglich darüber nach, in gut fünf Stunden über den Trischhübel und das Hundstodgatterl weiter zum Kärlingerhaus zu gehen oder sogar noch einen Gipfel in Angriff zu nehmen. Alle anderen nutzen die Wimbachgrieshütte zur Ein- und Umkehr. Die Schutzhütte gehört den Naturfreunden Deutschlands, vor genau 100 Jahren feierte der Neubau an der Stelle einer alten Schäferhütte zu Pfingsten 1924 Eröffnung. Energie- und Wasserversorgung sind auf dem neuesten ökologischen Stand.

Zwei Geschwindigkeiten

Für den menschlichen Wanderer dauert die gut 17 Kilometer lange Strecke vom Parkplatz über das Wimbachlehen (dort gibt es die Token für das Eingangsdrehkreuz), durch die Klamm und das Tal hinauf zur Wimbachgrieshütte und wieder zurück etwa fünf Stunden. Das Wasser braucht im oberen Teil des Tals rund sieben Jahre, um durch das bis zu 300 Meter mächtige Steinchenchaos im Gries zu sickern und an die Schwelle zur Klamm zu gelangen, das entspricht einer Fließgeschwindigkeit von 0,000000234 Kilometern pro Stunde. Den Weg durch die Schlucht legt das Wasser in ein paar Dutzend Sekunden zurück.

↗ Die Wimbachgrieshütte gilt als beliebte Basisstation für alpine Wanderungen.
← Anspruchsvolle Klettertouren führen auf den schroffen Gipfel des Kleinen Palfenhorns.

INFO

KÖNIGLICHER BLICK

Der Jenner ist ein Alleskönner: Von hier aus lässt sich auf vielen Routen wandern, über anspruchsvolle Pisten Ski fahren und zu jeder Jahreszeit die sensationelle Aussicht auf den Watzmann, seine zwei Kilometer hohe Ostwand und den Königssee genießen. Und da bis auf 180 Meter Höhe die Jennerbahn führt, ist das Panorama für fast jeden erreichbar, von der Bergstation geht es über einen einfachen Weg auf die Bergspitze in 1874 Metern. Dort geben stabile Aussichtskanzeln einen sicheren Stand für Fotografen und Stative oder einfache Bewunderer. Die Bergstation ist der Ausgangspunkt für die »Kleine Reibn«, eine herrliche, aber lange Tour. Wer den Nervenkitzel sucht: Unterhalb des Kleinen Jenners gibt es mit dem Schützensteig einen Klettersteig, der sich für Familien und Einsteiger eignet. Etwa 1,6 Kilometer lang, überwindet er gut 200 Höhenmeter. Von seinem Ende sind es 20 Minuten bis zur Jennerbahn. Die Talstation der 2019 neu gebauten Jennerbahn, eine der wenigen Seilbahnen der Region, die die alpinen Bereiche auch für weniger mobile Menschen erschließt, liegt in Schönau am Königssee.

WEITERE INFORMATIONEN

berchtesgaden.de
wimbachgrieshuette.de
jennerbahn.de

Unter dem 1874 Meter hohen Jenner liegt der Königssee.

4

CHIEMGAUER ALPEN – HINAUF AUF DEN HOCHGERN

BAYERNS BLUMENBALKON

Sein Name ist eine Einladung zum Wandern: Der Hochgern ragt über Marquartstein 1748 Meter hoch auf. Er kommt bis heute ohne Seilbahn aus und zählt zu den weniger prominenten Gipfeln der Chiemgauer Alpenkette. Aufstiegsgründe gibt es viele, allen voran der Blick ins Tiroler Achental und auf den tiefblauen Chiemsee.

Das Sonntagshorn ist höher, die Kampenwand zackiger und mit einem eisernen Angeberkreuz von 54 Zentnern Gewicht markiert, und der Ruhpoldinger Rauschberg zeigt mehr Kunst – aber kaum ein Gipfel der Chiemgauer Alpen ist mit so vielen Blumen geschmückt und derart artenreich von Insekten umschwirrt wie der Hochgern. Es blühen und duften Türkenbund und Labkraut, Alpen-Steinquendel und Thymian, Eisenhut und Habichtskräuter, Alpenaster, Glockenblumen, Berg-Wiesen-Bärenklau, Hainsimse, Perücken-Flockenblume und so viele weitere Pflanzen, dass sich damit leicht das Kapitel füllen ließe. Murmeltiere lieben die Almen, und in der Balzzeit im April lässt sich womöglich der Auerhahn hören, eines der heikelsten Tiere der Region. Da es der Mensch nur mit eigener Kraft bergauf schafft, hält sich der Kreis der Naturstörenfriede im Rahmen.

Ein Gipfel mit Geschichte

Zeitweilig hieß der Hochgern »Weitalbm«, so vermerkt es jedenfalls die Bairische Landtafel Nummer 23 für das »Hochlöblich Fürstenthumb Obern und Nider Bayern« von Philipp Apian anno 1568, auch der Name »Weitalpe« war verbreitet. Damals war das Weiderecht noch nicht auf die Unterwössener Bauern beschränkt, zum »Bluombesuch« konnte jeder sein Vieh treiben – schon die Frühe Neuzeit wusste die florale Vielfalt zu schätzen. Später teilten sich 17 ortsansässige »Unterthannen« das Almrecht, einige arbeiteten als Kaser. Das mag die Vielzahl an bewirtschafteten Hütten erklären: Agersgschwendt-, Moar- und Enzianalm, Hochgernhaus und die Staudacher Hütte am Abstieg auf der nördlichen Seite. Sie alle finden sich auf mittlerer Strecke und halten respektvollen Abstand zum Gipfel, den man nach rund dreieinhalb Stunden erreicht.

Etwa die Hälfte der Tour führt durch den Wald, auf Höhe der Almen geht der Blick über das Achental bis zum Wilden Kaiser und zu den Hohen Tauern. Dann wechselt der Pfad auf die Nordseite, unten malt der Chiemsee einen blauen Punkt in die Ebene. Über ein kleines Joch, bunt und üppig bewachsen, zweigt der letzte Anstieg ab. Wenige Meter hinter dem eigentlichen Ziel auf 1748 Metern Höhe liegt der Nebengipfel gleicher Bauart – Richtung Norden ein grüner Hang, schroff nach Süden hin. Ihn ziert eine kleine Holzkapelle, die das Gipfelbuch aufbewahrt. Sie hat so ziemlich den schönsten Platz in den Chiemgauer Bergen: mit Sonne auf dem Dach, frischem Kräuterduft in der Nase und allen Reibereien des heutigen Fürstenthumbs weit unter sich.

← Den Weg zum Gipfel begleiten Alpenblumen aller Art – und weite Panoramablicke.
↓ Stück für Stück wird das Hochmoor der empfindlichen Kendlmühlfilzen renaturiert.

INFO

SCHÖN FLACH

Bevor sich die Gipfel der Nördlichen Ostalpen bis auf fast 2000 Meter aufschwingen, zeigen der Chiemsee und die Landschaft Richtung Grassau, wie schön flach sein kann: Die Kendlmühlfilzen sind das größte Hochmoor im südöstlichen Bayern, und sie bezaubern mit ihren Tümpeln und Moorflächen, mit Sonnentau und Wollgras. Rund 700 Hektar bedeckt das Durchströmungsmoor, das aus der Verlandung des Urchiemsees hervorgegangen ist. In der Zeit zwischen 1824 und 1985 maximal ausgebeutet, steht das Gebiet seit 1992 unter Naturschutz. Auf den Flächen im Besitz von Bund Naturschutz und dem Land Bayern läuft seitdem die Renaturierung. Dafür muss man Geduld mitbringen: Das Moor wächst einen Millimeter pro Jahr; die maximale Mächtigkeit des Torfs beträgt acht Meter. Ein Rundweg erschließt das Naturwunder am Alpenrand.

WEITERE INFORMATIONEN

chiemsee-alpenland.de
achental.com
grassau.de
museum-torfbahnhof.de

5

TEGERNSEE – OLAF GULBRANSSON MUSEUM

LANDSCHAFT FÜR LEBENSKÜNSTLER

Der Karikaturist Olaf Gulbransson lebte fast 30 Jahre am Tegernsee. Ein kleines Museum erinnert mit Bildern, Fotos und Filmausschnitten an den Zeichner mit der spitzen Feder. Darüber hinaus ist der blaugrüne Tegernsee mit seinem Kranz mittelhoher Gipfel in Richtung Süden ein Stück Bayern aus dem Bilderbuch.

Schöne Landschaften ziehen berühmte Leute an – das ist heute so und war auch schon vor 100 Jahren der Fall, nur dass die Berühmtheit damals weniger mit Glamour und mehr mit Kultur zu tun hatte. 1929 kaufte der damals bereits international bekannte Zeichner Olaf Gulbransson den Schererhof bei Neureuth, einen 500 Jahre alten Bauernhof über dem Tegernsee. Da war der gebürtige Norweger schon seit mehr als 20 Jahren bayerischer Staatsbürger und den Zeitungslesern als politischer Karikaturist des »Simplicissimus« ein Begriff. Er selbst sah sich anders: »Ich bin eigentlich kein politischer Zeichner. Ich zeichne das Motiv, das ich zwischen die Finger bekomme.« Wer durch die Ausstellung im kleinen Olaf Gulbransson Museum in Tegernsee schlendert, glaubt das gern und findet darin vielleicht eine Erklärung für seine Haltung im Dritten Reich. Genauso schön wie die Auswahl aus dem enormen Schatz an Zeichnungen sind im halb ober-, halb unterirdisch angelegten Museum die Bilder und Filme, die den vierschrötigen Gulbransson zeigen, wie er durch die Voralpenlandschaft stapft.

Bayerns feinste Badewanne

Heute ist die Wahrscheinlichkeit höher, einem Fußballer im Gelände zu begegnen als einem Kunstschaffenden – derart hoch sind die Immobilienpreise rund um Bayerns schönste Badewanne. Doch ihr Wasser funkelt für alle gleich grünlich blau, auch für die Wochenendwanderer, die nur durch den bärlauchbewachsenen Wald auf den Riederstein wollen oder zur Aueralm, zwei für Familien geeignete Wanderungen. Etwas ambitionierter sind die Touren auf den 1668 Meter hohen Hirschberg oder auf den Wallberg mit 1722 Metern und einer – bei wolkenlosem Himmel – herrlichen Sicht bis zum Alpenhauptkamm.

Die Seilbahn braucht nur zehn Minuten auf den Gipfel, das ist eine gute Nachricht für Bequemurlauber und Schlittenfahrer, die bei entsprechender Schneeunterlage auf Deutschlands längster Rodelstrecke zu Tal sausen. Den Startpunkt markiert die kleine Wallbergkirche von 1907, in der während der Sommermonate sonntags ein Gottesdienst stattfindet. Ein Winterwanderweg führt über 800 Höhenmeter und den Wallbergsattel in etwa drei Stunden von der Talstation zur Heilig-Kreuz-Kapelle. Insgesamt ziehen sich rund 300 Kilometer ausgeschilderte Wanderwege um Bayerns fünftgrößten See, auch zum Bergerhof, von dem sich fast der gleiche Ausblick bietet, den Olaf Gulbransson über knapp 30 Jahre lang hatte.

INFO

KÖNIG, KIRCHE, KLOSTERBRAUEREI

Drei bayerische Institutionen unter einem Dach: die Wittelsbacher Herrscher, allen voran König Max I. Joseph nebst Gattin Caroline; die Klosterkirche St. Quirin und die Brauerei, in der das Herzogliche Bayerische Brauhaus Tegernsee das beliebte Tegernseer produziert. Innen gibt es ein rustikales Bräustüberl, draußen einen Biergarten und einen Schmetterlingsgarten. Die Basilika sollte man am besten zuerst besuchen, um ihre Barockausstattung gebührend zu bewundern. Hans Georg Asam, der Vater der berühmten Brüder, zeichnet für die Fresken und die Stuckierung verantwortlich. Einen Teil des königlichen Trakts, in dem Bayerns erster König, Max I. Joseph 1822, sogar Zar Alexander I. und Österreichs Kaiser Franz I. empfing, belegt inzwischen ein Gymnasium – noch eine Nutzung.

WEITERE INFORMATIONEN

olaf-gulbransson-museum.de
tegernsee.com
servus-tegernsee.de
braustuberl.de
brauhaus-tegernsee.de

← Neben den Zeichnungen Gulbranssons werden auch Sonderausstellungen gezeigt.
↑ Ansicht von Süden auf das ehemalige Kloster Tegernsee mit der berühmten Brauerei

6

MITTENWALD – MEDITATIONSHAUS KRANZBACH

GEDANKENGEBÄUDE

Der renommierte japanische Architekt Kengo Kuma hat für das Hotel Kranzbach in Krün bei Mittenwald ein Meditationshaus aus Weißholzschindeln gebaut. Seit 2018 steht es den Teilnehmenden von Yoga-Retreats und Meditationsprogrammen des Hauses und während Führungen offen. Mehr draußen im Drinnen gibt es nicht.

Als sei es selbst aus dem Wald gewachsen, steht das Meditationshaus mitten zwischen den Fichten und Buchen der Kuppe, die sich unscheinbar 300 Meter vom Hotel Kranzbach entfernt erhebt. Bäume, Baumstümpfe, Felsen und Moos beginnen gleich bei den großen Glasscheiben, die den hinteren Teil des Gebäudes zum Wald hin öffnen. Der Eingangsbereich zur nur 141 Quadratmeter großen Grundfläche ist innen und außen mit einem Geflecht aus 1550 ineinandergesteckten, unbehandelten Weißtannenschindeln verkleidet. Die langen Schindeln hängen auch die hohe Decke ab – ein Himmel aus Holz. Wenn man eine Linie hineinkonstruieren möchte, dann streben die hellen Bretter nach draußen. Ein Dach aus Zink, dem Baustoff von Kirchendächern, dichtet nach oben ab. Das spektakuläre Gebäude liegt beinahe verborgen – von den großen Wiesen um das Hotel, insgesamt nehmen sie eine Fläche von 13 Hektar ein, ist es nicht zu sehen.

Erfahrung in Holz

Nach draußen, in die Natur, sollen die Gedanken der Meditierenden den Schindeln folgen. Wer hier in Gruppen oder allein sitzt, sucht den Abstand vom Alltag – die meisten sind Teilnehmende an Yoga-Retreats und Meditationsprogrammen, die das Hotel seinen Gästen bietet. Mehrmals in der Woche finden Führungen statt.

Es war das Anliegen von Jakob Edinger, dem Besitzer des Kranzbach, dass ein fernöstlicher Architekt und einer, der vorwiegend mit Holz arbeitet, das Meditationshaus baut. Er konnte Kengo Kuma für den Auftrag gewinnen, der hier die Vision verwirklicht hat von einem Haus *melt into the forest*, »verschmolzen mit dem Wald«. Es ist Kumas erstes dauerhaft stehendes Bauprojekt in Deutschland. Möglichst lokal zu arbeiten, stand für den japanischen Stararchitekten im Vordergrund. Auch dass das Holz der Weißtanne lange seinen Duft abgibt, spielte eine Rolle. Zwar kommt das Gebäude nicht gänzlich ohne Schrauben aus, doch haben die Handwerker vor Ort japanische Baumethoden weitgehend übernommen, haben gesteckt und gebogen, statt zu spaxen und zu nageln. Um den Waldboden nicht mit Harvestern zu verdichten (und die Gäste durch Baulärm zu verschrecken), hat ein Bauer mit seinem Rückepferd den Holztransport übernommen. Dass sich mit Kengo Kuma ein Stararchitekt und der Erbauer des Nationalstadions in Tokio von der Energie des Ortes hat inspirieren lassen, ist eine Sensation für das winzige Krün unter dem Karwendelgebirge. Das Meditationshaus ist es auch.

← Ein besonderer Platz im Wald: das Meditationshaus des Hotels Kranzbach
↓ Ein besonderer Platz am Berg: das Königshaus auf dem Schachen

INFO

PRUNK AM BERG

Die mindestens zwei Seelen, die in der Brust von Ludwig II. schlugen – im Königshaus am Schachen zeigen sie sich deutlich. Den Berghof auf 1866 Metern Höhe, vom Vater Maximilian II. als Jagdhaus genutzt, ließ Ludwig in seinem Sinne ausbauen. Das untere Stockwerk erscheint wie das damals beliebte »Schweizerhaus« mit Zirbenholz getäfelt und rustikal möbliert, oben jedoch war die Fantasie zu Hause. Die ganze Etage nimmt der Türkische Saal ein. Der Prunkraum mit Springbrunnen, ausgeschmückt mit besticktem Mobiliar, wertvollem Teppich, reichlich Ornament an Wänden und den bunten Glasfenstern orientiert sich an einem Istanbuler Palast. Diener in orientalischen Gewändern vervollkommneten die Staffage. Mehrfach hat Ludwig hier seinen Geburts- und Namenstag am 25. August verbracht; bis heute findet an diesem Tag eine Bergmesse statt.

WEITERE INFORMATIONEN

Hotel Kranzbach, In Kranzbach 1, 82493 Krün,
daskranzbach.de
alpenwelt-karwendel.de
schachenhaus.de

7

GRASWANGTAL – SCHLOSS LINDERHOF

DAS SCHMUCKSTÜCKCHEN

Das einzige zu seinen Lebzeiten vollendete Märchenschloss und der Liebling von Ludwig II.: Schloss Linderhof spiegelt perfekte Symmetrie im Inneren wie in der Gartenanlage und lässt im Maurischen Kiosk und der Venusgrotte tief in königliche Traumwelten blicken. Fast 450 000 Menschen bewundern es jedes Jahr.

Bayern und sein Kini – die Liaison füllt Bücher. Wie fern fühlte sich Ludwig II. seinem Volk und wie schwer taten sich die Untertanen damit, die Bauleidenschaft ihres Königs zu verstehen! Und andererseits: Wie viel haben sie ihm zu verdanken, allein Schloss Neuschwanstein zieht jedes Jahr rund 1,4 Millionen Menschen an. Wenn der menschen- und öffentlichkeitsscheue Ludwig das wüsste! Über den Fluchtburgcharakter seiner Bauten machte er sich selbst keine Illusionen: »Ich habe hier in München nichts als Verdrießlichkeiten zu erleben«, schrieb er an seinen Hofsekretär Düfflipp am 12. Januar 1869, »deßhalb will ich mich durch Schaffung solcher Paradiese dafür entschädigen, wo mich kein Erdenleid erreichen soll.« Einer dieser entlegenen Plätze, nicht exponiert wie Neuschwanstein, sondern verschwiegen gelegen in einem grünen Tal, ist Schloss Linderhof. Sein Umbaubeginn fällt in das Jahr 1869, als der 23-jährige Ludwig im fünften Jahr seiner Amtsgeschäfte als König beginnt, sich nach seinem Namensvetter und uneinholbaren Vorbild zu strecken: dem Sonnenkönig Ludwig XIV.

Versailles im Westentaschenformat

Der Platz könnte schöner nicht sein: Er liegt in einem Seitenarm des Graswangtals, eingerahmt von den Gipfeln des Brunnen-, Dreisäuler- und Hennenkopfs. Eine einfache Jagdhütte, das sogenannte Königshäuschen von Vater Maximilian II., gab es bereits. Zunächst sollte nur eine Villa entstehen, doch in insgesamt drei Bauphasen wuchs sich das Vorhaben zu einem eigenständigen Schlösschen aus. Der Architekt Georg Dollmann, ein Assistent Leo von Klenzes, nahm tüchtig Anleihe beim französischen Rokoko und polsterte dem König bis zum Abschluss der Bauarbeiten 1879 ein neobarockes Nest.

Den Mittelpunkt von Linderhof bildet das Schlafzimmer mit Blick auf den Kaskadenbrunnen im Garten – eine Reminiszenz an Ludwig XIV., der die erste und die letzte Audienz des Tages im Bett abhielt. Unvorstellbar für seinen bayerischen Verehrer, der sich aber wohl im 100 Quadratmeter großen und sieben Meter hohen Raum in absolutistische Zeiten zurückträumte. Der Versailler Hofgesellstaat leistete ihm dabei Gesellschaft. Er ziert in 16 Porträts die Wände der vier Kabinette zwischen den Prachträumen. Ein Bild des bayerischen Bauherrn sucht man allerdings vergebens.

Speisen mit Bourbonen

Gegenüber dem Schlafzimmer mit Blick Richtung Norden liegt der Spiegelsaal gen Süden, der zweite große Raum. Audienz- und Esszimmer, beide oval geschnitten, sind von den Kabinetten umkränzt, zwei Gobelinzimmer rahmen den

→ Ist die Symmetrie der Blickfang, der Venustempel oder die Linde? Sichtachse Richtung Süden.

← Der Maurische Kiosk ist eine Errungenschaft von der Pariser Weltausstellung des Jahres 1867.
↙ »Flora und Putten« heißt die vergoldete Figurengruppe des Wasserparterres.
↘ Heiliger Schnörkel! Das Speisezimmer steckt voller Anspielungen auf Jagd und Landwirtschaft.

Spiegelsaal. Die Innenausstattung ist vom Feinsten: ein Kamin mit Lapislazuli verkleidet, die Leuchter aus indischem Elfenbein, Nymphenburger Porzellan auf polierten Tischplatten und Blattgold an den Wänden. Auf dem Schreibtisch steht ein wertvolles Prunkschreibzeug, dem Tintenbesteck von Madame Pompadour bis in die Meridianlinien und die winzigen Sternbilder auf den Miniaturgloben nachempfunden. Zum Essen, das er in der Regel allein einnahm, ließ Ludwig für mehrere Personen decken und führte womöglich Konversation mit seinem imaginären Hofstaat. Um die Bourbonen-Inszenierung perfekt zu machen, bat er, man möge »ganz ohne Aufsehen … aus dem Theater einige Hüte und ein schönes vollständiges Kostüm aus der späteren Periode Ludwig XIV. … recht bald hierher senden.«

Diener störten die Illusion jedenfalls nicht: Über einen Hebemechanismus erhielt der König im »Tischlein deck dich«-Verfahren aus dem daruntergelegenen Stockwerk durch eine Klappe im Fußboden seine Mahlzeiten. Denn so vergangenheitstrunken sein Lebensstil auch war, von moderner Technik hielt der Kini viel.

Fantasien ohne Grenzen

Um die nahezu quadratische Schlossanlage schmiegt sich der Garten, gekonnt inszeniert von Carl Effner, den Ludwig dafür mit einem Adelstitel belohnte. Eine Art Best-of der Gartenkunst aus französischen, italienischen und englischen Elementen. Weder die Enge des Tals noch eine 300-jährige Linde, die Ludwig sehr verehrte und die stehen blieb, stören die Symmetrie der Anlage. Vor dem Spiegelsaal erstreckt sich ein Wasserbassin mit einer 22 Meter hohen Fontäne. Drei Terrassengärten führen hügelan zum griechischen Tempel mit Marmorvenus. Auf der Nordseite nutzt eine Kaskade über 30 Stufen das steile Gelände und mündet in einen Neptunbrunnen mit Wasserspeiern.

Mehrere Bauten verteilen sich im Park, allen voran der Maurische Kiosk, die kuppelgekrönte Sensation aus der Pariser Weltausstellung von 1867, ausstaffiert mit Pfauenthron und Glaslüster, sowie das Marokkanische Haus, erworben auf der Weltausstellung 1878. Das Glanzstück aber ist die Venusgrotte, eine künstliche Tropfsteinhöhle mit kleinem See, dem ersten Akt von Richard Wagners Oper »Tannhäuser« bis auf den vergoldeten Muschelkahn nachempfunden. Hier kulminierte die Technikbegeisterung Ludwigs: Elektrische Bogenlampen sorgten für die Beleuchtung der Grotte, deren Blauton exakt den Farben der Grotte von Capri entspricht. Seit 2016 wird die Venusgrotte saniert, die Kosten belaufen sich derzeit auf 60 Millionen Euro. Da muten die 31,7 Millionen Reichsmark für sämtliche Ludwig-Schlösser und deren Umbauten beinahe marginal an, zumal sich schon sechs Wochen nach dem Tod des Monarchen die Tore für Besucher gegen ein Eintrittsgeld öffneten. Noch vor Beginn des 20. Jahrhunderts waren dadurch all seine Schulden und Darlehen getilgt.

INFO

WANDERUNG ZUM BRUNNENKOPF

Der Brunnenkopf gehört zu den Gipfeln der Ammergauer Alpen, die es einem leicht machen. Der Anstieg führt zunächst wahlweise über einen kleineren, etwas steileren und weniger begangenen Pfad oder über einen breiten, gemütlich ansteigenden Weg, auf dem sogar Kinderwagen zum ersten Etappenziel gelangen. Das ist die Brunnenkopfhütte auf 1602 Metern, und viele Ausflügler belassen es bei dem anderthalbstündigen Aufstieg. Wer noch das Gipfelerlebnis sucht, geht zunächst auf einem Pfad am Hang entlang und kraxelt die letzten Meter bis zum Kreuz – nur hier sind Trittsicherheit und Schwindelfreiheit nötig. Der schöne Ausblick auf die Alpenketten eröffnet sich aber auch unterhalb des Gipfelaufbaus. Insgesamt dauert die zehn Kilometer lange Tour vom Parkplatz Linderhof knapp vier Stunden. Die Brunnenkopfhütte hat 26 Schlafplätze für Wanderer anzubieten, die hier zwischen Mai und Anfang Oktober einkehren können. Sie ist eine beliebte Station auf dem »Maximiliansweg«, benannt nach Ludwigs aktivem Vater.

WEITERE INFORMATIONEN

Besichtigung von Schloss Linderhof nur mit Führung, Linderhof 12, 82488 Ettal, Öffnungszeiten und Ticketinfos auf schlosslinderhof.de
brunnenkopfhuette.de

Einfach rustikal: Haus und Terrasse der Brunnenkopfhütte

8

DIE AMMER – QUELLEN UND SCHLUCHTEN

FLUSS IM WANDEL

Von der Quelle als Ammer bis zu ihrer Mündung als Amper zeigt der letzte weitgehend unberührte Fluss Oberbayerns viele ungewöhnliche Seiten. Nach ihrem leisen Beginn sind vor allem die ersten Flusskilometer dramatisch – mit der 80 Meter tiefen Ammerschlucht, den Schleierfällen und der Mündung in den Ammersee.

Geburten sind zumeist mit Lautentwicklung verbunden – bei der Kleinen Ammer, die in den Feuchtwiesen des Ettaler Weidmooses das Licht der Welt erblickt, ist das anders. Sie tritt in einfachen Quelltöpfen zutage, beinahe lautlos steigen Luftblasen bis zur Wasseroberfläche auf, als würde es in den Gumpen köcheln. Unterhalb des 1342 Meter hohen Kofels mit seiner markanten Silhouette aus Wettersteinkalk sammelt sich das Wasser in zwei Bächen, die sich zur Kleinen Ammer vereinen. Eigentlich ist es die Linder, die zuvor bei Graswang im karstigen Boden von Neualmgrieß und Lindergrieß versickert und im Weidmoos wieder austritt. Nach der Schneeschmelze oder vielen Regentagen nimmt die Linder den Weg auch oberirdisch. Sie ist dann größer als die beiden Quellflüsse der Ammer, die Kleine und die Große Ammer, legt aber nach nur 13 Kilometern Länge im weiteren gemeinsamen Verlauf ihren Namen ab. Von ihrer unscheinbaren Geburt aus Gumpen fließt die Ammer 200 Kilometer durch Bayern, bevor sie als Amper bei Moosburg in die Isar mündet. Anfangs trödelt sie noch in Schleifen durch das Moor im Ettaler Becken, doch bereits bei Oberammergau nimmt sie ordentlich Fahrt auf.

Zartes Wunder

Nur wenige Kilometer weiter bildet die Ammer in der Nähe von Saulgrub gleich zwei landschaftliche Sensationen aus: die Schlucht bei der Scheibum und die Schleierfälle. Wie in einem Schnitt durch die Jahrmillionen liegen im Felsdurchbruch der Scheibum die Gesteinsschichten frei: Kalkstein, Quarz und Schiefer kontrastierten mit dem grünen Ammerwasser. Auf 600 Metern Strecke hat sich der Fluss bis zu 60 Meter tief eingegraben. Nur ein kleines Wegstück entfernt stäuben die Schleierfälle über bemooste Tuffsteinfelsen. Ein Quellflüsschen dringt hier durch den kalkhaltigen Schotter, nicht aber durch die eiszeitverfestigte Molasse und fällt darum nur als Sprühregen. Der Pfad zum zerbrechlichen Naturwunder ist gesperrt, und auch im weiteren Verlauf der bis zu 80 Meter tiefen Ammerschlucht berühren die Wanderstrecken nur an wenigen Stellen die Flusslandschaft. So viel Wildheit muss sein!

Für den ganz großen Überblick auf die dicht bewaldete Schlucht sorgt die Echelsbacher Brücke von 1929/30, ehedem die weiteste Bogenbrücke der Welt. Von da an schlängelt sich die Ammer recht undramatisch durch die Landkreise und schafft den Vögeln in ihrem Mündungsbereich am südlichen Ammersee ein kleines Paradies.

INFO

HAUPTSACHE HEU

Einen Kilometer von der Echelsbacher Brücke entfernt liegt die Schönegger Käse-Alm. Sie ist die Keimzelle eines inzwischen zum Groß- und Lieferbetrieb angewachsenen Unternehmens, das sich auf die Verarbeitung von Heumilch spezialisiert hat. Mehr als 500 Lieferanten aus Oberbayern, dem Allgäu und bis nach Tirol und in den Bregenzerwald lassen ihre Heumilch in der Sennerei der Käse-Alm verarbeiten. Um Heumilch zu gewinnen, fressen die Kühe im Sommer Gras von Wiesen und Weiden, im Winter Heu – alles gentechnikfrei und nur aus Berggebieten. Mehr als ein Dutzend Ladengeschäfte (viele mit Tischen und Stühlen) und Verkaufswagen bieten das Sortiment an, der Internetshop verschickt es nach Hause – zu verkosten gibt es die Hart- und Schnittkäse, die Weichkäse und Brotaufstriche auch in der Ur-Alm in Rottenbuch.

WEITERE INFORMATIONEN

Das Gehen abseits der Wege oder im abgesperrten Gelände ist im Schutzgebiet untersagt, naturpark-ammergauer-alpen.de
schoenegger.com

↖ Die Scheibum ist der Ammerdurchbruch, 15 Kilometer von den Quelltöpfen entfernt.
↑ Deftige Pause: Auf der Schönegger Käse-Alm gibt es eine herzhafte Brotzeit.

9

MURNAU – STADT, MOOS UND ÄHNDL

EWIG SCHÖN

Gut 120 Jahre sind vergangen, seit die Künstlervereinigung des »Blauen Reiter« die Landschaft rund um Murnau am Staffelsee für sich entdeckte und ihre Lichtstimmungen auf zahlreichen Werken verewigte. Ewig war das heute 32 Quadratkilometer große Eiszeit-Moos natürlich schon vorher. Und das soll so bleiben.

Gabriele Münter musste es wissen, als empfindsame Künstlerin spürte sie den besonderen Zauber der Landschaft südlich von Murnau: »Immer mehr erfaßte ich die Klarheit und Einfachheit dieser Welt«, schrieb sie, »besonders bei Föhn standen die Berge als kräftiger Abschluß im Bilde, schwarzblau. Dies war die Farbe, die ich am meisten liebte«, heißt es in ihren »Erinnerungen«. Ausflüge mit Staffelei oder Fotoapparat führten sie immer wieder an das größte noch erhaltene Moor Mitteleuropas. Aus dem Flickenteppich von Nieder-, Übergangs- und Hochmoor, aus Streuwiesen und Altwassern ragen die 200 000 Jahre alten Köchel heraus, bewaldete Felsrücken. In »Murnau und ich« blickt Münter 1957 auf ihre erste Zeit am Alpenrand zurück: »… nirgends hatte ich eine solche Fülle von Ansichten vereint gesehen, wie hier in Murnau zwischen See und Hochgebirge, zwischen Hügelland und Moos.« Heute hat man erkannt, wie hoch bedroht die sensible Landschaft ist und dass ihr nur eines hilft: Wenn der Mensch sich raushält.

»Die Münter« war nicht die einzige Künstlerin, die sich bezaubern ließ. Wassily Kandinsky, zunächst ihr Lehrer, dann ihr Liebhaber, bot 1902 einen Malkurs im Alpenvorland an, den Gabriele besuchte. Wenig später wurden sie ein Paar und flohen vor Wassilys Ehe und der Konvention durch mehrere europäische Städte. Im September 1908, der Rastlosigkeit müde, reisten sie nach Murnau, quartierten sich im Gasthof Griesbräu ein und erlebten mit Alexej Jawlensky und Marianne Werefkin eine produktive Zeit. Ein Jahr später kaufte Gabriele Münter in Murnau eine kleine Villa mit Mansarde und Walmdach, das erste Haus jenseits der Bahnlinie. Man beherbergte dort die Malerfreunde, traf sich mit Franz Marc und gab einen Almanach mit dem Namen »Der Blaue Reiter« heraus. Bis in die 1960er-Jahre hieß die bescheidene Villa bei den Einheimischen »das Russenhaus«, obwohl alle russischen Freunde Münters inklusive Kandinsky längst gegangen waren. Sie blieb bis zu ihrem Tod 1962. Von ihrem Grab auf dem Murnauer Friedhof geht der Blick aufs Münter-Haus am gegenüberliegenden Hang und weiter aufs Ettaler Manndl.

← Eine Künstlerklause unterm Krüppelwalmdach: Das Haus von Gabriele Münter in Murnau ist weitgehend so erhalten, wie es die Malerin verlassen hat.

Kirche, Kuppel, Keilerei

Der Friedhof, auf dem noch diverse andere Prominenz ruht – der Hinterglasmaler Heinrich Rambold etwa, Schulrat Leopold Huber, das Vorbild für die Hauptfigur in Ödön von Horvaths Roman »Jugend ohne Gott«, aber auch brave Bürger wie eine »Hausbesitzersgattin« – gehört zur Kirche St. Nikolaus. Ein Vorgängerbau taucht im Jahr 1300 das erste Mal in einem Schriftstück auf, die heutige Kirche aber ist unverkennbar ein Werk des Barocks. Drei Qualitäten zeichnen St. Nikolaus aus – Lichteinfall zu allen Zeiten des Tages, die gute Akustik und die ungewöhnliche Kuppelarchitektur. Die aus Holz gefertigte Kuppel mit einem Durchmesser von 18,5 Metern ruht auf sogenannten Syrischen Bögen, sodass kein Pfeiler das perfekte Halbrund stört. Das im 19. Jahrhundert vollendete Kuppelfresko bevölkert eine Vielzahl von Murnauerinnen und Murnauern, Zeitgenossen des Malers Waldemar Kolmsperger. Sie waren nicht erfreut, sich beim »Jüngsten Gericht« auf der falschen Seite wiederzufinden.

Mit der richtigen Seite tat man sich ohnehin zeitweise schwer, 1931 beispielsweise im Wirtshaus Kirchmeir, genannt »Die Traube«. Schon seit 1924 hatten die Marktbewohner mehrheitlich völkische Parteien gewählt, das rechte Potential war also hoch. Am 1. Februar 1931 fand im Gasthaus eine Diskussion zum Thema »Diktatur oder Demokratie« statt. Neben dem Vizepräsidenten des Bayerischen Landtags, Erhard Auer von der SPD, sprach Otto Engelbrecht von der NSDAP. Nach seiner Rede erhoben sich die Nazis und intonierten das Horst-Wessel-Lied, Sozialdemokraten und Mitglieder der Wehrgruppe Reichsbanner waren empört. Bei der sich anschließenden Saalschlacht gab es 26 Verletzte, mehr als 100 Bierkrüge gingen zu Buch und auch die Existenz des Wirts Ignaz Kirchmeir. Heute erinnert das Wirtshausschild mit einer dicken goldenen Rebe an »Die Traube«. Direkt gegenüber liegt das Rathaus von 1842, es sticht architektonisch heraus aus den in fröhliches Pastell getauchten Häuserzeilen von Ober- und Untermarkt. Sie sind das Werk von Emanuel von Seidl, der in Hellblau und Ocker, Rostfarben und Rosé schwelgte und Fassadenmalerei ganz anders deutete, als man es von der Lüftlmalerei kennt. Mehr als 20 Fassadenentwürfe stammen vom jüngsten Sohn der Münchner Architektenfamilie, der sich selbst 1901/02 ein Landhaus in Murnau errichtete.

Das Alter des Ähndls

In jeder Hinsicht hält das Ähndl vom Treiben in Murnau Abstand – räumlich, zeitlich und emotional. Das Kirchlein am Nordrand des Murnauer Mooses heißt offiziell St. Georg und überdies auch Ramsachkircherl, der Name Ähndl verweist auf das Alter der »Ahne«. Ins 8. oder gar 7. Jahrhundert verlegen manche Deuter ihre Entstehung, der iroschottischen Eisenglocke wegen, die zur Innenausstattung gehört. Wahrscheinlicher ist ein Bau im 14. Jahrhundert, ganz sicher geht auf den hl. Georg als Patron des Kirchleins das Murnauer Stadtwappen zurück: ein Drache. Im Inneren täuscht die Malerei aus dem Barock perspektivisch eine viel höhere Decke vor und erzählt aus dem Leben des Drachentöters. Mit etwas Fantasie ist der Krottenkopf im Hintergrund erkennbar. Vor der hölzernen Ähndl-Tür ist dann gar keine Fantasie mehr nötig: Da reicht der Blick übers Moos auf die Bergkette von Estergebirge und Ammergauer Alpen – wunderschön.

↗ Das hochsensible Murnauer Moos bewundert man am besten aus respektvollem Abstand.
↖ Die Fußgängerzone von Murnau am Untermarkt kombiniert Shoppen und Schauen.
← Das Ähndl steht am Rand des Murnauer Mooses – keiner weiß genau, wie lange schon.

INFO

EINE RUNDE SCHWIMMEN

Das geflügelte Wort vom »Blauen Land« – im Staffelsee wird es Realität. Ein Bad im bis zu 40 Meter tiefen See empfiehlt sich aus vielen Gründen: Die Wassertemperatur erreicht oft schon im späten Frühjahr 20 °Celsius, das Wasser hat beste Qualität, und es gibt mit dem Strandbad Seehausen, dem Lido und dem Strandbad Alpenblick Badestellen mit Infrastruktur, aber auch genügend Plätze, die mehr Privatsphäre bieten. Sieben Inseln, gebildet aus eiszeitlichen Molassetrümmern und mehrheitlich baumbestanden, verteilen sich auf der 766 Hektar großen Wasserfläche. Die größte, Wörth, ist ganzjährig bewohnt. Zur Insel Wörth führt von Seehausen aus eine Fronleichnamsprozession mit geschmückten Booten – ein Schelm, wer tourismustaktische Hintergründe vermutet. Für eine Seeumrundung braucht der moderne E-Biker kaum mehr als eine gute Stunde, die Strecke beträgt rund 22 Kilometer. Noch gemütlicher ist die Fahrt mit der »Staffelseerin«: Das 2019 in Betrieb genommene Ausflugsschiff schippert zwischen Mai und September mehrmals täglich mit Sonnenenergie über den Staffelsee.

WEITERE INFORMATIONEN

tourismus.murnau.de
dasblaueland.de
staffelsee.org

Der Staffelsee bietet eine Vielzahl von Freizeitaktivitäten.

10

STEINGADEN – DIE WIESKIRCHE

BILD DER HOFFNUNG

Die Wieskirche bei Steingaden bewegt aus vielen Gründen: wegen ihrer zauberhaften Lage in der Hügellandschaft des Oberlands, wegen der idealen Proportionen und des feinen Rokokos im Innenraum. Dafür hat »die Wies« 1983 die Auszeichnung als Weltkulturerbe erhalten. Und darüber hinaus? Trifft sie mitten ins Herz.

Es gibt viele anrührende Geschichten, die sich um die Wieskirche und Pilgerfahrten dorthin ranken: von Heilungen, glücklicher Heimkehr, Rettung aus Gefahr und Not. Eine der schönsten Überlieferungen aber handelt vom Baumeister des Wunderwerks. Dominikus Zimmermann, zu Beginn der Bauarbeiten bereits über 60 Jahre alt, konnte und wollte sich nach der Fertigstellung der Kirche nicht mehr von ihr trennen. Er starb im gesegneten Alter von 81 Jahren »in seinem Haus vor seinem Herrn«, sagt eine zeitgenössische Notiz – also im Gasthof Schweiger gegenüber oder gar in der Kirche selbst? Voller Stolz übers Gelungene hat er seine Signatur »Dominicus Zimerman, Baumeister v: Landsperg« an der Brüstung der Orgelempore hinterlassen.

Auch Abt Marinus II. Mayer, der die Bauarbeiten begleitete und finanzierte, hat wohl sein Herz an »die Wies« verloren. Er schoss, weil die tatsächlichen Baukosten die ursprünglichen Planungen um mehr als das Vierfache übertrafen, so viel Geld nach, dass das Mutterkloster in Steingaden mit der Fertigstellung der Wallfahrtskirche zum Gegeißelten Heiland auf der Wies wirtschaftlich ruiniert war. Heute lässt sich nur sagen: Das war es wert.

Wie der Heiland auf die Wiese kam

Die Anfänge waren freilich bescheiden. Um sich eine Prozessionsfigur zu geben, setzte man um 1730 zu Zeiten des Abts Hyazinth Gaßner einen Heiland aus mehreren Teilen zusammen, die man »zwischen Staub vollen Geraffel schon vor etlich Jahren« gefunden hatte: ein »höltzerner Kopff« und auch ein »obem Leib« tauchten auf und unter »gleichsam verworffenen Sachen Arm und Füß«. Wo es fehlte, half man mit »Werck und Tüchlein« nach, befestigte Haare und gab dem Ganzen einen Anstrich mit Ölfarben. Die etwas windschiefe Heilandsfigur bekam schwere Ketten angelegt und ein Lendentuch in besonderer Weise geknotet – auf einem zeitgenössischen Bildnis von Abt Hyazinth hält er eine Zeichnung der Figur hoch. Da sie offenkundig keinen besonderen Wert hatte, wurde sie schon bald verworfen und landete in der Steingadener Tafernwirtschaft. Die Bäuerin der Wies, Maria Lori, bat sie sich schließlich aus und erhielt den gegeißelten Heiland.

Und dann geschah es: Die Figur weinte, das erste Mal am 14. Juni 1738. Die arme Frau wusste »vor Schrecken ihr selbsten nit zu rathen« und hieß ihren Mann, »abhangende Tropffen abtrucknen«, so erzählt es das »Mirakelbuch«. Nach einer Weile vorsichtigen Abwartens verbreitete sich die Kunde rasant, und das zweite Wunder nahm seinen Lauf. Man baute eine Kapelle, die schon bald die Scharen

→ Das Deckenfresko von Johann Baptist Zimmermann holt den Himmel auf die Erde. Sein jüngerer Bruder Dominikus ist der Baumeister der Wies.

an Gläubigen nicht mehr fasste, sodass man passend zur 600-Jahr-Feier der Abteikirche von Steingaden 1747 eine neue Kirche in unmittelbarer Nähe des Lorischen Gasthauses in der Wies in Auftrag gab. Was die Bestätigung der Tränen angeht, hält sich die katholische Kirche übrigens diskret zurück. Eine bischöfliche Kommission untersuchte. Weder bestätigte sie es amtlich noch wurde dementiert – es ist eine reine Glaubenssache.

Ein Erlösungsprogramm

Vielleicht war es jenes Gefühl, dass es sich hier um einen besonderen Ort und mit einem weinenden Christus um ein außergewöhnliches Sujet handelte, das 1745 die besten Künstler ihrer Zeit anzog: Dominikus Zimmermann, den Baumeister und Stuckateur, Johann Baptist, seinen malenden Bruder, die in Wessobrunn aufgewachsen waren, dem süddeutschen Zentrum barocken Kunstschaffens. Daneben Anton Sturm, der die Skulpturen der vier Kirchenväter schuf. Anregungen für den Neubau holte sich Dominikus Zimmermann in der ganzen Region, etwa bei der Kirche von Oberammergau, errichtet vom Wessobrunner Baumeister und Stuckateur Joseph Schmuzer. Dort sind Längsausrichtung und Kreis verbunden. Für die Wies variierte Zimmermann die Ovalform und schnitt eine Kreisstruktur auf, der er ein Querhaus »unterschob«.

Die Maße des Gebäudes muten erstaunlich krumm an: Das Langhaus ist 29,35 Meter lang, maximal 24,75 Meter breit und 20 Meter hoch. Der Chor misst gut 15 Meter in der Höhe, 13,5 Meter in der Länge und 12,5 Meter in der Breite. Und doch erscheinen die Proportionen wie reine Harmonie, von innen wie von außen, wo die Fassade sich zum Eingang im Westen hin auswölbt, als würde sie alle Kommenden mit offenen Armen empfangen.

Künstlerische Freiheit

Strenge Gestaltungsvorgaben für den Innenraum lagen nicht vor, im Gegenteil. Die Brüder Zimmermann besaßen alle Freiheiten. Mitten im Österreichischen Erbfolgekrieg, in dem fast jede bayerische Familie Sohn oder Vater verloren hatte, lautete der schlichte Auftrag nur, eine Kirche voller Licht zu gestalten, in der die Angst nicht vorkommt. Bloß in einem kleinen Bild im Chorumgang schimpft der Heiland, ansonsten ist das Bildprogramm die reine Barmherzigkeit, kenntlich an der Erlösungsfarbe blau. Ein blauer Mantel breitet sich über den Thron des Weltenrichters, auf dem niemand zu Gericht sitzt; über den blauen Himmel der perspektivisch gemalten Decke spannt sich ein Regenbogen. Davor schwebt Christus und zeigt auf sein Herz – es liegt genau am Schnittpunkt der Gebäudeachsen. Gegenüber dem Thron steht das geschlossene Himmelstor, in dessen Schlüsselloch kein weltlicher Schlüssel passt. Selbst die Geißelwerkzeuge des Chorfreskos verbreiten keine Schrecken: Es ist ja alles überwunden und in befreiendes Gelb getaucht. Ein Ort der reinen Hoffnung.

↗ Einst war die Lage beinahe Zufall – inzwischen erweist sie sich als Segen.
← Die Figur des gegeißelten Heilands zog über Jahrhunderte die Pilger an.

INFO

ROYALES SCHWIMMREVIER

Die Königsschlösser Neuschwanstein und Hohenschwangau sind die wahren Besuchermagneten südlich von Füssen, sie locken 1,4 Millionen Gäste pro Jahr an, viele davon aus Übersee und Fernost. Weniger Beachtung, obwohl auch er ein Fotomotiv erster Güte ist, wird dem Alpsee beigemessen. Zu Füßen des 2047 Meter hohen Säulings gelegen, beträgt seine Uferlänge knapp fünf Kilometer, und die Wassertemperatur übersteigt selbst im Hochsommer nur selten die 20-°C-Marke. Das ist auch deshalb interessant, weil der junge Ludwig, als er noch nicht »der Kini« war, den fast zwei Kilometer langen See in einer erstaunlichen Zeit durchschwommen hat. Das erste Mal übrigens mit knapp 14 Jahren im August 1859, flankiert von einem Oberleutnant im Wasser, während der Erzieher im Kahn hinterherruderte. An seinem 18. Geburtstag notierte der spätere Ludwig II.: »Wundervoll ist der Alpsee am frühen Morgen, wenn der Nebel sich zertheilt und das Schloß in hehrer Pracht sich zeigt. – Schon um ½ 9 Uhr morgens las ich beim Fischen in der Geschichte der Philosophie über Socrates.«

WEITERE INFORMATIONEN

Wieskirche, Wies 12, 86989 Steingaden,
wieskirche.de
hohenschwangau.de
fuessen.de

An seiner tiefsten Stelle misst der langgestreckte Alpsee 62 Meter.

11

WESSOBRUNN – TASSILOLINDE

VON WESSOBRUNN IN DIE WELT

Der Pfaffenwinkel steht wie keine andere Landschaft für den Barock, der sich in Kirchen und Klöstern rankt, als wäre er lebendig. Im kleinen Wessobrunn wuchsen gleich mehrere Generationen begnadeter Barockkünstler heran. Vermutlich nahmen sie sich schon vor 400 Jahren ein Vorbild an der uralten Tassilolinde.

Ein Baum wie ein Zeuge jener Zeiten, in denen das Wünschen noch geholfen hat: 14 Meter im Durchmesser, 25 Meter hoch, der Legende nach mehr als 1250 Jahre alt. Selbst wenn sie nicht aus den Tagen Tassilos stammen sollte, ist diese Winterlinde ein Wunder. Der Herzog träumte unter ihrem Blätterdach von drei Quellen, die am Fuße einer Himmelsleiter sprudelten. Am Morgen fand sein Begleiter Wezzo die Brunnen, und Tassilo gründete an jener Stelle ein Kloster.

Himmelserscheinung und Herzog sind längst vergangen und werden von kleinmütigen Historikern in Zweifel gezogen, Quellen und Linde aber gibt es noch nahe des Klosters Wessobrunn. Bis vor ein paar Jahren lebten elf Benediktinerinnen in der Anlage, jetzt gehört sie einer Firma für Naturkosmetik. Nicht der erste Besitzerwechsel: Nach der Säkularisation 1803 verloren die Mönche die Rechte am Kloster, die Reste der eingerissenen Stiftskirche und des Konvents dienten den Weilheimern nach dem Stadtbrand 1810 als Steinbruch. Was bestehen blieb, ersteigerte ein Chevalier de Montot und machte an kalten Wintertagen selbst vor dem Verheizen von Heiligenfiguren nicht Halt. Am »Grauen Herzog« konnte er nicht viel zerstören: Der Glockenturm steht seit 1250 an Ort und Stelle und zeigt die Stunden an, am zuverlässigsten über den Polstab der Sonnenuhr. Seit der Elektrifizierung vertragen sich Zähl- und Schlagwerk der Turmuhr nicht mehr recht.

Ein Meer von Stuck

Die Besichtigung von Prälaten- und Fürstengang beginnt in der Eingangshalle unter einer Decke mit feinem Bandelwerk. Von ganz anderer Art ist der Stuck hinter der Holztür im Prälatentrakt: Üppig sprießen die Blätter und Akanthen um 45 Emblembilder, die alle um die unbefleckte Empfängnis Mariens kreisen. Magdalenen- und Tassilosaal zweigen links ab, Ersterer geschmückt mit einem Deckenbild, der zweite dekoriert mit Stuckwerk aus Malachit. Vor dem Tassilosaal, dem Eckzimmer, beginnt der 88 Meter lange Fürstengang, ein Meer von Stuck.

Die wichtigsten Gestalter, Johann und Joseph Schmuzer, kamen direkt aus Wessobrunn, und das darf vielleicht als neuzeitliches Wunder gelten: Über einen Zeitraum von 200 Jahren brachte der Ort mehr als 600 Künstler hervor, die in 3000 Kirchen europaweit wirkten. Schmuzer der Ältere und Caspar Feichtmayr gelten als Gründer der »Wessobrunner Schule«, die die Welt das Staunen lehrte.

← Der Benediktus-Brunnen steht mitten im Klostergelände, rechts der »Graue Herzog«.
↓ Die uralten Eiben im Paterzeller Wald bilden zum Teil fantastische Formen.

INFO

VERWUNSCHENER WALD

Etwa 2300 Eiben bilden bei Paterzell einen Hain, die ältesten Exemplare zählen 1000 Jahre. Der Kalktuffboden, eine Hinterlassenschaft der Eiszeit, bietet ideale Bedingungen für die schattenverträglichen Koniferen. Im Jahr 1913 noch zu Zeiten der Wittelsbacher zum Staatlichen Naturdenkmal erklärt, steht der Paterzeller Eibenwald seit 1930 unter Naturschutz. Bis zur Säkularisation gehörte das Waldstück dem Kloster Wessobrunn. Die Mönche schätzten das Holz – wie könnte es anders sein – für seine künstlerische Verwertbarkeit. Eine mit griechisch-römischem Sagenpersonal bestückte Holzdecke überwölbte einen Klostersaal, bevor sie 1810 ins nahegelegene Gasthaus Zur Post wanderte; die Gelegenheit zur Selbstbedienung war unmittelbar nach der Säkularisation günstig. Der Eibenwald-Rundweg über einen Kilometer ist ideal für den Sonntagsspaziergang geeignet.

WEITERE INFORMATIONEN

wessobrunn.de
pfaffen-winkel.de
baysf.de

12

DIE ISAR – BAYERNS GEBIRGSFLUSS

WILDER LIEBLING

Um einen Eindruck des südlichen Bayerns zu gewinnen, reicht es, dem Lauf der Isar zu folgen. Sie durchfließt auf gut 290 Kilometern Länge vom Karwendel bis zur Mündung in die Donau traumhafte Landschaften und bedeutende Städte. Abschnittsweise in Beton gebannt, ist jetzt ihre Renaturierung das große Thema.

Seit Eiszeiten fließt die Isar aus den Alpen durch die Münchner Schotterebene Richtung Donau, und sie hat im Laufe der Zeit sicher so manches gesehen. Die größte Dreistigkeit jedoch fand im Jahr 1158 statt. Damals ließ Heinrich der Löwe an der heutigen Museumsinsel in München eine Brücke über den Fluss bauen und zapfte damit Freising die Zolleinnahmen ab. In der alten Bischofsstadt hatte man über Jahrhunderte gut am Isarübergang verdient. Der Rest ist Geschichte: Freisings Stern sank, die Erfolgsgeschichte von München, der Stadt *apud munichen,* »bei den Mönchen«, begann.

Unbeteiligte Hauptdarstellerin: die Isar, ein zumindest in ihrem Oberlauf frei fließender Gebirgsfluss, nicht schiff-, aber mit Flößen befahrbar. Ab dem 13. Jahrhundert nutzte man den Transportweg, um Holz, Schlachtvieh und vor allem Bier aus dem Oberland in die wachsende Metropole zu verfrachten. Allein im heutigen Bad Tölz gab es Mitte des 18. Jahrhunderts 22 Brauereien, deren Erzeugnisse die Tölzer unmöglich allein austrinken konnten.

Längst ist die Isar Reglementierungen unterworfen: Hier schützen Hochwasserverbaue, dort bedienen sich Wehre an ihrer Energie. In und um größere Städte zwängte man den Fluss ins Betonkorsett. Mehr als 100 Brücken überqueren den Fluss zwischen Mittenwald und Dingolfing, die meisten dienen dem Verkehr. Sie eignen sich aber immer auch zur Bewunderung der Isar-Schönheit und -Wandelbarkeit. Mit dem »Isarsteig« durch die Gleirschklamm beginnt die menschengemachte Isar-Begleitung bald nach ihrem Ursprung auf der österreichischen Karwendelseite. Schon nach wenigen Kilometern passiert sie die Grenze und hält sich ab da weitgehend Richtung Norden. Im Oberlauf bei Mittenwald und im Isarwinkel plätschert das helltürkisfarbene Wasser über die weißen Flusskiesel, als wollte es spielen, Kiesbänke machen sich im Flussbett breit, die im Fall von reichlich Schmelzwasser vorübergehend abtauchen.

Fluss(t)räume

Meist bleibt aber viel Platz zum Mäandern, vor allem der Sylvensteinspeicher zwackt der Isar einiges von ihrer Wildheit ab. Ungeachtet des aus Hochwasserschutzgründen gestauten Sees sowie etlicher Kraftwerke: Von der Quelle bis an die südliche Münchner Stadtgrenze stehen die Ufer und insgesamt 4700 Hektar Anrainerfläche als »Oberes Isartal« unter Schutz, eines der größten Fauna-Flora-Habitat-Gebiete in Bayern. Zugleich haben jene rund hundert Kilometer einen enormen Freizeitwert: für Spaziergänger, Fahrradfahrer, Paddler und Plantscher – bei niedrigem Wasserstand kann man weit hineinwaten und die Kühle des Gebirgsbachs spüren. In Lenggries und Bad Tölz spiegelt der Fluss

→ Lieblingsplatz für Mensch und Kanu – eine Kiesbank im Oberlauf der kristallklaren Isar

← Abgehobene Perspektive: Die Isar durchfließt München auf einer Länge von 14 Kilometern.
↙ Blick fürs Detail: Die Isarkiesel motivieren Künstler – hier zwischen Lenggries und Tölz.
↘ Die Kurstadt Bad Tölz hat das Stadtbild von Gabriel von Seidl, die Schönheit von der Isar.

die bunten Fassaden der Häuserzeilen, vom Tölzer Kalvarienberg öffnet sich der Blick Richtung Süden auf die grünen Isarschleifen vor der Bergkulisse.

Das Freizeitparadies

Ab Bad Tölz wechselt die Isar die Landschaft: nicht mehr Alpenvorland, sondern von der Eiszeit sanft gewellte (End)-moränen. Nachdem hinter Wolfratshausen die Loisach mündet, begleitet ein Kanal den Flussabschnitt, einige Kilometer später läuft der Isarwerkkanal parallel, der zur elektrischen Energiegewinnung nutzt. Am linken Hochufer steht das Kloster Schäftlarn, 762 gegründet, mit seiner 1733 neu errichteten Barockkirche. Hinter Baierbrunn schieben sich die ersten Münchner Vororte Richtung Süden vor, halten aber einen Sicherheitsabstand zum Ufer, sodass man erst an der großen Eisenbahnbrücke von Großhesselohe die Stadtnähe spürt. In Pullach, das es früher als BND-Zentrale hin und wieder in die Schlagzeilen schaffte (heute höchstens noch wegen der Immobilienpreise), breitet sich mit der Waldwirtschaft einer der schönsten Biergärten im Isar-Einzugsbereich unter einem dichten Kastanienblätterdach aus, wenn auch außer Sichtweite am Hochufer.

Ab Großhesselohe ist es mit der Freiheit für den Gebirgsfluss dann endgültig vorbei, so innig lieben sie die Münchner. Ihre Nutzbarkeit vor allem am sogenannten Flaucher zwischen Thalkirchen und Sendling ist vielfältig: zum Bierkühlen, als Grill- und Handtuchunterlage, zum Schwimmen, Nacktbaden und um den Sonnenuntergang anzuschwärmen. Der Fahrradverkehr am Ufer nimmt dramatisch zu, aber während in der Stadt die Enge ein wachsendes Problem darstellt, scheint die Toleranz am Ufer grenzenlos. Jedenfalls, solange man seinen Müll wieder mitnimmt.

Neue Freiheiten

Unter dem Projektnamen Isar-Plan wurde der Abschnitt zwischen Großhesselohe und der Museumsinsel renaturiert. Fast mutet es absurd an: Gut 100 Jahre nach ihrer Einbetonierung, die die Stadt damals eine Stange Geld gekostet hat, bewegt man 1,3 Millionen Tonnen Erdreich, investiert 35 Millionen Euro und buddelt elf Jahre lang, um sich in der Ufergestaltung dem ursprünglichen Flusslauf wieder anzunähern. Andererseits: Das Ergebnis kann sich sehen lassen und hat naturräumlich beste Auswirkungen. Ob der Isar auf ihrem Weg Richtung Donau noch einmal Ähnliches widerfährt, zumal ihr doch der Mittlere-Isar-Kanal auf 64 Kilometern Länge die meiste Wasserkraftarbeit abnimmt? Mit steigender Flusskilometerzahl erhöht sich leider auch der Anteil an Mikroplastik, und die Romantik nimmt deutlich ab, allerdings auch der Betrieb an den Ufern. Bei Freising, vor Moosburg und bei Goben stehen ihre Auen unter Schutz. Wenn das kein südbayerischer Traum ist: eine wirklich wilde Isar vom Karwendel bis nach Dingolfing!

INFO

MODERNE FLOSSFAHRTEN

In München gibt es vermutlich kaum einen Firmenmitarbeiter, der noch nicht mit einem Floß und den lieben Kollegen an Bord von Wolfratshausen Richtung München-Thalkirchen gegondelt ist. Für die etwa 30 Kilometer lange Strecke benötigen die Flöße vier bis sechs Stunden – je nach Wasserstand der Isar, also ihrer Fließgeschwindigkeit, und dem Betrieb an den drei Schleusen. Während der Tour werden zumeist einfache bayerische Klassiker wie Weißwürst' und Brezn oder Leberkässemmeln kredenzt, dazu gibt es Bier vom Fass. Erstaunliche 60 Personen finden auf den wuchtigen Flößen Platz. Die tonnenschweren Flöße zu manövrieren ist eine echte Kunst. Sie werden aus meterlangen Stämmen genau so zusammengebaut, wie es über Jahrhunderte in den Flößerfamilien üblich war – nur dass sie jetzt nach der Ankunft an der zentralen Lände in München auseinandergenommen und per Lkw zurück nach Wolfratshausen gebracht werden. Nach der letzten Saisonfahrt im September wandern die ausgedienten Hölzer in die Sägemühle.

WEITERE INFORMATIONEN

alpenwelt-karwendel.de
bad-toelz.de
isarflossfahrten.de
isarfloss-angermeier.de
muenchen.travel

Nasse Gaudi: eine Floßfahrt auf der Isar ab Wolfratshausen

Im Isarwinkel bleibt dem Fluss viel Platz, um sich bei Hochwasser auszudehnen.

13

MÜNCHEN – DIE »ALTE UTTING«

KULTUR VOR ANKER

Ihr Ruf drang bis Amerika: Als das ehemalige Ausflugsschiff »MS Utting« 2018 als Partylocation im Münchner Stadtteil Sendling eröffnete, fragte die »New York Times«: »Is Munich Getting Cool?« Das Aufsehenerregende am neuen Treff ist vor allem der Standort auf einer alten Eisenbahnbrücke im Schlachthofviertel.

Woran es München – der immer noch reichen Stadt – noch immer schwer mangelt: unkonventionelle Locations. Nachdem vor Jahren der Kunstpark Ost und seine Nachfolgerin, die Optimolwerke, ihre Leben aushauchen mussten, sah es bei den alternativen Ausgehmöglichkeiten in der Landeshauptstadt lange mau aus, vom nimmermüden Tollwood-Festival einmal abgesehen. 2015 gab es erste Lichtblicke mit dem »Bahnwärter Thiel«, platziert auf dem ehemaligen Viehhofgelände. In der bunt zusammengewürfelten Kolonie aus ausrangierten Schienenwagen und Überseecontainern, in der bepflanzte Hochbeete neben Holzbeuten vom *urban gardening* künden, zogen Ateliers, Werkstätten, Open Workspaces und Proberäume ein. Fast jeden Abend ist Programm im Bahnwärter Thiel: Clubnächte, Konzerte, Tanzabende und mehr.

Ein Jahr nach seiner Eröffnung kam den Initiatoren vom Kulturverein Wannda zu Ohren, dass das Ausflugsschiff »MS Utting«, seit 65 Jahren im Einsatz auf dem Ammersee, verschrottet werden sollte. Die Idee, »das Schiff in der Stadt an Land zu bringen«, so das Wannda-Team, war schnell geboren, die Umsetzung aber dauerte länger als gedacht.

Alles andere als abgetakelt

Am schwierigsten erwies sich die Standortfrage für die mit 400 Tonnen Gewicht nicht eben leichte alte Dame. Aber auch die »Verschiffung« über 50 Kilometer, die Bürokratie und der aufwendige Umbau stellten die Crew vor Probleme. Erst anderthalb Jahre, nachdem die »Utting« auf einer stillgelegten Eisenbahnbrücke in unmittelbarer Nachbarschaft zum Bahnwärter-Thiel-Gelände einen neuen Heimathafen gefunden hatte, konnte Schiffstaufe gefeiert werden. Seitdem brummt der Laden: Essensstände bieten bis 22 Uhr ihre Stärkungen in den Geschmacksrichtungen italienisch, deutsch und afrikanisch an, unter der Woche finden an mehreren Tagen Liveauftritte oder wiederkehrende Veranstaltungen wie der »Caribbean Thursday« statt, sonntags wechseln Jazzmatineen mit Kasperltheater. Die »Alte Utting« hat unter der Woche bis Mitternacht geöffnet, Freitag und Samstag bis 2 Uhr nachts.

2020 wurde es übrigens noch einmal spannend für die beiden Wannda-Projekte in Sendling: Die Mietverträge liefen aus. Eine Verlängerung gibt jetzt bis 2027 Sicherheit, danach hofft man, dass der neue Bebauungsplan genügend Platz fürs bunte Kunsttreiben im Schlachthofviertel lässt. München könnte es immer noch sehr gut gebrauchen.

INFO

THEATER FÜRS VOLK

Anderthalb Jahre von der Baugenehmigung bis zur Eröffnung: Ein solcher Zeitplan erscheint heute geradezu märchenhaft. Beim Gärtnerplatztheater ging die Rechnung auf. Im Mai 1864 gab der junge Ludwig II. sein Plazet, im November des Folgejahres wurde das erste Stück aufgeführt, und München hatte ein zweites Opernhaus. Fürs Volk sollte es sein, das Repertoire setzte mit Musicals, Operetten und Opern leichtere Akzente als die Staatsoper. Bald nach der Eröffnung geriet das Theater in finanzielle Nöte und wurde dank eines verdeckten Kaufs aus der königlichen Privatschatulle gerettet. Seit 1937 gehört es dem Freistaat Bayern. Der Zuschauerraum fasst knapp 900 Menschen, die Auslastung betrug zuletzt 88 Prozent. Das bis 2017 aufwendig restaurierte Haus steht mitten im Glockenbachviertel, einem von Münchens bevorzugten Wohnquartieren.

WEITERE INFORMATIONEN

»Alte Utting«, Lagerhausstr. 15, 81371 München, Öffnungszeiten unter: alte-utting.de
gaertnerplatztheater.de

↖ Die »Alte Utting« hat auf einer stillgelegten Eisenbahnbrücke in Sendling angelegt.
↑ Im frisch sanierten Gärtnerplatztheater werden rund 300 Vorstellungen pro Jahr gezeigt.

14

MÜNCHEN – DER ODEONSPLATZ

DIE WAHRE MITTE

Es gibt das Bonmot von München als der nördlichsten Stadt Italiens – vermutlich ist es am Odeonsplatz entstanden. Hier beginnen zwei Paradestraßen sowie die verkehrsberuhigte Innenstadt, und hier liegen der Hofgarten, die Residenz, Feldherrnhalle und Theatinerkirche. Der Platz selbst ist eine einzige Bühne.

Münchens Motor ist der Stachus (einer der verkehrsreichsten Plätze Europas), Münchens Magen der Viktualienmarkt, das Gehirn die Forschungszentren draußen bei Garching – Münchens Seele aber, falls es so etwas geben sollte, ist der Odeonsplatz. Hier kommt alles zusammen, was die bayerische Landeshauptstadt bedeutend gemacht hat und bis heute auszeichnet: Größe, Geschmack und beherztes Abkupfern. Die beiden fürs München-Bild prägenden Architekten haben sich hier verwirklicht: Leo von Klenze und Friedrich von Gärtner, und zugleich verleiht die Theatinerkirche dem trapezförmigen Platz italienische Leichtigkeit.

Eine Kirche für die Liebe

Er war sicher keine Schönheit mit seiner großen Nase und der verwachsenen Gestalt und bestimmt nicht immer ein inspirierender Gesprächspartner für ein verwöhntes italienisches Prinzesschen, aber Kurfürst Ferdinand Maria fand dennoch einen Weg ins Herz seiner Gattin Henriette Adelaide. Sie stammte aus dem Königshaus von Savoyen und war aus Turin einen anderen Standard gewöhnt, als ihn das München des 17. Jahrhunderts bieten konnte. Gerade 14-jährig, wurden die beiden 1650 verheiratet, als sie zwei Jahre später am bayerischen Hof zusammenkamen, waren die Bedingungen für Henriette denkbar ungünstig: die Anziehungskraft des Ehemanns schwach, das Schloss kalt, das Wetter schlecht, die Moral streng, und zu allem Überfluss mischte die Schwiegermutter in allem kräftig mit. Doch Ferdinand Maria gewann seine Henriette Adelaide: Nach zehn Jahren Ehe stellte sich das erste Kind ein, ein Mädchen, knapp zwei Jahre später im Juli 1662 kam dann der ersehnte Stammhalter zur Welt, Max Emanuel. Die immer noch jungen Eltern waren überglücklich, und Henriette löste ihr Gelübde ein, »Münchens schönste und wertvollste Kirche« bauen zu lassen, die erste spätbarocke Kirche nördlich der Alpen. Sie verpflichtete zwei Baumeister aus der Heimat, Agostino Barelli und Enrico Zuccalli, und schon 13 Jahre später konnte St. Kajetan, wie die Hofkirche offiziell heißt, geweiht werden. Von der Länge des Hauptschiffs und der Höhe bis unter die Tambourkuppel sind die Maße fein austariert, und das Innere ist ein Musterbeispiel freundlichsten Barocks.

← Jahrelang wurde über die Farbgebung der Theatinerkirche diskutiert – ursprünglich war sie grau. Man entschied sich beim Neuanstrich fürs gewohnte Gelb.

Was Henriette der zunächst ungeliebten Stadt sonst noch alles schenkte? Das erste Opernhaus Deutschlands, das Herzkabinett in der Residenz, Schloss Nymphenburg und indirekt auch das Café Tambosi. An seiner Stelle hatte einer ihrer Landsleute die erste Espresso-Bar Münchens eröffnet, und egal, wie oft die Besitzer wechseln, das Café Tambosi bleibt eine Institution am Odeonsplatz. Die Frage, wer im

Kaffeehaus mit dem Rücken zur schönen Aussicht sitzen muss, stellt sich hier gar nicht: Alle Stühle stehen in Blickrichtung auf den Platz.

Wettstreit der Architekten

Die beiden für das »Isar-Athen« wichtigsten Architekten, Leo von Klenze und Friedrich von Gärtner, sollen einander nicht hold gewesen sein, aber vermutlich war das auch nicht möglich unter einem volatilen Auftraggeber wie König Ludwig I. Auf Klenze geht der Entwurf des Platz-Trapezes zurück – da war Ludwig noch Kronprinz, steckte aber trotzdem schon voller Pläne. Das Tor zum Hofgarten, Klenzes Erstlingswerk in München, bildet den Auftakt zur Umgestaltung der Residenzstadt im Stil des Klassizismus. Zwei der zum Ensemble gehörenden Bauten, das Palais Leuchtenberg und das nach dem Krieg wieder errichtete Konzerthaus Odeon, haben inzwischen das bayerische Innen- und Finanzministerium bezogen – man kann es ihnen nicht verdenken. Das Odeon, im Krieg zerstört, deckt heute ein flaches Glasdach. Auch das sogenannte Bazargebäude, mit Rundbögen zur Ludwigstraße und Arkaden zum Hofgarten, stammt von Klenze.

Den eigentlichen Meilenstein aber hat Friedrich von Gärtner gesetzt: die Feldherrnhalle, der Loggia dei Lanzi in Florenz stark nachempfunden. Dreißig Jahre nach der Fertigstellung 1844 wünschte sich Prinzregent Luitpold ein Denkmal für das bayerische Heer, ganz ohne kriegerische Attribute. Eine weibliche Allegorie des Friedens neben einem antiken Helden löst das Problem. Beide Figuren sehen genau auf das einen Kilometer entfernte Siegestor von Friedrich von Gärtner, ein am römischen Konstantinsbogen orientiertes Werk, dem es gelingt, zugleich leicht und schwer auszusehen. Und auch wenn Klenze die meisten Gebäude rund um den Platz beigesteuert hat, diese Achse gehört Gärtner.

Bewegte Zeiten

Seit Leos und Ludwigs Zeiten hat der Odeonsplatz einiges mitgemacht: allem voran die Mobilmachung zum Ersten Weltkrieg am 1. August 1914 – auf einem Foto konnten Historiker Adolf Hitler ausmachen. Auch dessen »Marsch auf Berlin«, der 1923 an der Feldherrnhalle nach nicht einmal zwei Kilometern Strecke endete, gehört dazu. Vier Polizisten und 16 Beteiligte des »Hitler-Putsches« kamen an jenem 9. November ums Leben, das nationalsozialistische Regime gedachte später mit Ehrenwachen vor der Feldherrnhalle an die Getöteten. Wer dort zwischen 1933 und 1945 vorbeiging, musste den Hitlergruß entbieten. Nicht wenige Münchner hatten darauf keine Lust und wählten den Weg durch die Viscardigasse, die kurz vor dem Platz Theatiner- und Residenzstraße verbindet. Über das Pflaster des sogenannten Drückebergergasserls verläuft heute eine goldfarbene Spur zur Erinnerung. Das gehört auch zum großen Platz – der kleine Ausweg durch die Hintertür.

↗ Die Feldherrnhalle markiert das Ende der Ludwigstraße am Odeonsplatz.
← Die »Klassik am Odeonsplatz« ist ein fester Termin im Veranstaltungskalender.

INFO

VON OBEN

Die riesigen bunten Sitzmöbel der Marke mit dem zusammengesetzten französischen Namen, für die das Wohnzimmer hektargroß sein muss – hier passen sie hin und polstern die Sitzecken und -bänke aus, die sich rings um die Dachterrasse des Mandarin Oriental ziehen. Der Mahjong Roof Garden sei, so die Eigenwerbung, »eines der bestgehüteten Geheimnisse Münchens« und hiermit gelüftet: Die Aussicht über die Dächer der Stadt ist einfach atemberaubend. Die Preise für die Himbeerlimonade und den Munich Mule sind es auch, aber einen Sonnenuntergangsabend auf dieser Terrasse zu erleben, ist auch nicht alltäglich. Genauso schön wie das Panorama mit Giebeln, Dächern und Kirchtürmen, vereinzelten Bausünden und zahlreichen Kränen ist der Blick aufs Publikum, das sich elegant zwischen Polstern, Bar und Infinitypool bewegt. Die Frauen zeigen bunte Kleider und braune Haut, die Männer Leinen und Lässigkeit. Über dem sechsten Stock eines des teuersten Hotels von München sind sie einfach High Society. Wenn auch nur für einen Sonnenuntergang.

WEITERE INFORMATIONEN

muenchen.travel
klassik-am-odeonsplatz.de
Mandarin Oriental, Neuturmstr. 1,
80331 München, mandarinoriental.com
(Am besten vorab reservieren)

Der Hoteldachgarten mit herrlichem München-Blick

15

RAITENHASLACH – DER KLOSTERGASTHOF

PRIVILEGIERTE LAGE

Der Platz an der Salzach, fern jeder Hektik, sowie das Gefühl, an einem Ort weit zurückreichender Geschichte zu verweilen, machen den Klosterbezirk von Raitenhaslach bei Burghausen zu einem ernsten Anwärter auf den Titel, der schönste Platz im Freistaat zu sein. Dazu tragen auch etliche bayerische *soft skills* bei.

Wenn vom Himmel der Bayern die Rede ist, verortet ihn der Werbeslogan im Wiesn-Festzelt, wo es gewiss vieles gibt, aber sicher keine frische Luft und historisch Bemerkenswertes. Deshalb an dieser Stelle der Vorschlag, ihn anderswo zu suchen, beispielsweise in Raitenhaslach, knapp sieben Kilometer südwestlich von Burghausen an der Salzach gelegen. Höchstens die ein oder andere Krone eines alten Baumes verstellt hier die Sicht aufs Firmament, ansonsten sind die Bedingungen ideal: ein Wirtshaus mit Bräustube, einer Terrasse zum Fluss und Hotelzimmern in ländlicher Ruhe, dazu die fast 900 Jahre alte Anlage eines Zisterzienserklosters nebst Kirche. Hinzu kommt das eigens vom Hofbräuhaus Traunstein nach der Rezeptur von 1286 gebraute Klosterbier. Bier wurde in Raitenhaslach vermutlich schon seit 1180 produziert, das ist beinahe Rekord. Der Klostergasthof besteht seit dem Jahr 1585, und auch nach der Säkularisation wurden hier Gäste bewirtet.

Heiden im Kloster

2003 ersteigerte die Stadt Burghausen den Komplex, immerhin das älteste Zisterzienserkloster Bayerns, und ließ ihn nach und nach sanieren; parallel übertrug sie der Familie Mitterer, die in Burghausen den Gasthof Post führt, die gleiche Aufgabe für die Klosterwirtschaft und einen Hotelbetrieb. Im ehemaligen Prälatenstock unterhält die Technische Universität München ein Akademie- und Schulungszentrum, im Steinernen Saal von 1762 bis 65, der heute »Aula maior« heißt, finden Konzerte statt. Früher war der Festsaal dem Abt und seinen Gästen vorbehalten, die sich an der Ausstattung mit Kristalllüstern, Marmor, sprudelnden Brunnen, Spiegeln und Fußbodenheizung erfreuten. Johann Martin Heigl, zuvor kurfürstlicher Hofmaler, wählte als Motive für sein Deckenfresko die vier Elemente, dargestellt als heidnische Gottheiten. Sapperlot!

Das eigentliche Prunkstück des Areals aber ist St. Georg, die Klosterkirche. 1183 geweiht und ursprünglich romanisch, erhielt sie in der ersten Hälfte des 18. Jahrhunderts eine Rundumerneuerung im Stil des Rokoko samt Tonnengewölbe, Glockenturm, neuer Orgel und vorgeblendeter Westfassade. Die Deckenfresken von Johannes Zick erzählen aus dem Leben des hl. Bernhard von Clairvaux. In der westlichen Vorhalle steht ein Wunderschrein: das heilige Grab mit Palmen- und Urwalddekor an den Holzportalen. So träumte sich der Barock den Orient, während doch der Himmel direkt vor der Tür lag.

INFO

KIRCHE MIT WEITBLICK
Die Zisterzienseräbte Robert Pendtner und Emanuel II. Mayr nahmen ihren Auftrag, zu beten und zu arbeiten, sehr ernst. Während Kloster und Kirche in Raitenhaslach im Zug der Barockisierung eine einzige Baustelle waren, halsten sie sich ein weiteres Projekt auf. Die Kirche Maria Königin des Rosenkranzes, vulgo Marienberg, wurde abgerissen und ab 1760 neu errichtet. Baumeister war auch hier Franz Alois Mayr, allerdings wählte er bei der auf einem Felssporn liegenden Pfarr- und Wallfahrtskirche vollkommen andere Proportionen als unten am Fluss: mit gut 24 Metern in der Länge, 23 Metern in der Breite und 21 Metern in der Höhe wirkt der Zentralbau kompakt. Anders als die versteckt liegende Klosteranlage ist Marienberg weithin sichtbar. Ihre Fresken, darunter das kreisrunde Deckengemälde, stammen von Martin Heigl, diesmal mit Rosenkranz-Variationen – ganz brav.

WEITERE INFORMATIONEN
burghausen.de
altstadthotels.net
raitenhaslach.tum.de

← Einladend: Die Sonnenterrasse des Klostergasthofs öffnet sich zur Salzach-Wiese.
↑ Ausladend: Die Marienberg-Kirche hat beeindruckende Abmessungen.

16

FREISING – DER DOM

EINE TRÄNE FÜR KORBINIAN

Der Freisinger Dom ist ein Gesamtkunstwerk: Durch einen denkbar bescheidenen Eingang betritt man eine barocke Wunderwelt, geschaffen zum 1000-jährigen Jubiläum des Doms im Jahr 1724 von den Brüdern Asam. Aus diesem Universum zwei Dinge herauszuheben verbietet sich fast – dafür fordert es die Aufmerksamkeit.

Unterschiedlicher könnten sie nicht sein, die zwei Blickfänge im Freisinger Dom, in dem man ohnehin kaum weiß, wohin man schauen soll, so reich umspielt hier der Barock das Gehäuse. Der erste Punkt ist die Bestiensäule in der Krypta, der zweite ein kleiner Putto auf mittlerer Wandhöhe. Die Säule ist natürlich ungleich bedeutender, ein Überrest ältester Bausubstanz aus dem Jahr 1161. Nur drei Jahre zuvor war eine Vorgängerkirche, deren Ursprung auf den Anfang des 8. Jahrhunderts zurückgeht, abgebrannt und mit ihr ein Großteil der Stadt. Derart traumatisch war das Ereignis am Palmsonntag 1159, dass bis heute an jedem 5. April mit einem gut 20 Minuten langen Glockengeläut daran erinnert wird.

Damals, es muss bewundert werden, fasste man aber schnell neuen Mut und machte sich an den Neubau der Kirche. Und vielleicht meißelte sich jener unbekannte romanische Steinmetz seine ganzen Ängste von der Seele. Was auf der Bestiensäule, einem von 24 Pfeilern tief unter der mächtigen Kirche, gestaltet ist, gibt es jedenfalls kein zweites Mal in Deutschland. Zwischen dem Himmel, symbolisiert durch Adler, und der Erde, auf der wilde Tiere Männer und Frauen verschlingen, liegt eine kurze Spanne – gleichsam ein Menschenleben. Nur eine weibliche Figur entkommt dem Kampf und hebt sich zur Sonne, einer friedlichen Zukunft entgegen: die Kirche, die Liebe? Wer weiß. Schon 1205 wurde der neue Dom geweiht.

Ruckzuck Rokoko

Im Zeichen des Kampfes stand auch das Leben von Korbinian. Der erste Bischof von Freising soll bei seinem Weg über die Alpen einen Bären gezähmt haben. Hatte der wirklich Fell und Klauen, oder stand er nur für das Böse im Bischof? Die Überlieferung glaubt an die Bärengeschichte, und so schmückt das Tier bis heute Freisings Wappen und die Legende den Bilderfries im Dom. Dazwischen, darüber und überall purzeln die Putten, sämtlich selbstzufrieden – nur einer nicht. Er weint. Zu seinen Füßen ist der Tod Korbinians dargestellt, der sicher auf einen 8. September fällt in einem Jahr zwischen 724 und 730. Der Bischof liegt in seinem Dom bestattet, doch wiedererkennen würde er ihn wohl kaum. Der Kirchenkörper und das Portal romanisch, das Gewölbe gotisch und über allem der Rokoko in einem Farbenmeer in Weiß, Gelb und Altrosa. Cosmas Damian Asam und sein Bruder Egid Quirin brauchten nicht einmal anderthalb Jahre für die Ausgestaltung anlässlich des 1000. Kirchenjubiläums 1724.

← Von außen unscheinbar, ist der Freisinger Dom von innen ein barockes Wunderwerk.
↓ Ein Garten Eden für Hobby-Botaniker – die Strauchgärten von Weihenstephan

INFO

EIN GARTEN ALS GALERIE

Mittlerweile hat es sich als fromme Geschichtsfälschung erwiesen, doch das Gerücht, auf dem Weihenstephaner Berg sei 1040 das erste Bier gebraut worden, kursiert nach wie vor. Eigentlich gebührt diese Ehre dem Kloster Weltenburg, aber immerhin ist in Weihenstephan 1160 ein erstes Brauhaus urkundlich belegt. Über das Bier hinaus ist der Freisinger Stadtteil Weihenstephan heute für seinen Campus bekannt, ein Kompetenzzentrum mit Lehrstätten der TU München (School of Life Sciences), der Hochschule Weihenstephan-Triesdorf und der Bayerischen Landesanstalten für Wald und Forstwirtschaft sowie für Landwirtschaft. Schönste Formen nehmen die akademischen Erkenntnisse im 1947 gegründeten Sichtungsgarten für Rosen, Stauden und Gehölze an – er ist öffentlich zugänglich und für Gartenbesitzer eine erstklassige Galerie.

WEITERE INFORMATIONEN

tourismus.freising.de
freisinger-dom.de
Die Sichtungsgärten sind von 1. April bis zum 31. Oktober von 9 bis 18 Uhr geöffnet, hswt.de

Die Brüder Asam haben bei der Barockisierung des Doms vor 300 Jahren ganze Arbeit geleistet.

17

ALTMÜHLTAL – WACHOLDERHEIDE GUNGOLDING

IM ZEICHEN DES SCHAFS

Entlang der Altmühl, dem am langsamsten fließenden Fluss in Bayern, ist Gemütlichkeit Lebensgefühl. Hier stoßen Mittelfranken, die Oberpfalz, Niederbayern und Schwaben an Oberbayern. Die Dialekte und Spezialitäten mischen sich fröhlich durcheinander – und selbst beim Sport geht es zumeist entspannt zu.

Das Schaf steht allgemein nicht hoch im Kurs – körperlich eher kompakt und wegen seiner geistigen Gaben schlecht beleumundet, taugt es nicht zum Wappentier. Im Altmühltal aber schätzt man das Schaf, schließlich ist es maßgeblich daran beteiligt, eine der schönsten und seltensten Landschaftsformen im Freistaat zu erhalten. In Windeseile würde die Wacholderheide ohne ihre tierischen Pfleger zuwuchern und verbuschen, so aber bleibt der Trockenrasen schön kurz, und all die zarten Pflänzchen dieses Milieus finden ihr Auskommen: Felsennelke und Heideröschen, Spitzblättrige Miere, drei Sorten Enzian und als Frühlingspioniere die Küchenschellen, die ab Ende März die Hänge lila tupfen. Wie die Hüter all dieser kleinen Kostbarkeiten recken sich die dunkelgrünen Wacholder in den Himmel. Früher wurden ihrem Holz geisterabwehrende Fähigkeiten zugeschrieben, heute hält man sich eher an die Beeren, die im Zweijahrestakt an den weiblichen Stämmen reifen. Sie darf man, anders als Holz oder Ableger, mitnehmen.

Eine Steinplatte voller Gefühle

Besonders schöne Abschnitte der Wacholderheide erstrecken sich rund um Gungolding. Von dort führt eine kleine Wanderung nach Arnsberg und über die Altmühl hoch zur Arnsberger Leite, einem Aussichtspunkt mit exquisitem Blick auf den Fluss, der mit einer Fließgeschwindigkeit von etwa vier Kilometern pro Stunde durch den Freistaat bummelt. Die Gemütlichkeit ist ansteckend: Die meisten Wanderer auf der Panoramaroute, die Rad- und Kanufahrer am und auf dem Fluss machen einen entspannten Eindruck, mit Ausnahme der Kletterer, die sich an vereinzelten Monolithen der Fränkischen Alb wie dem Burgsteinfelsen abarbeiten. Er ist mit seinen 45 Metern Höhe ein geodätischer Referenzpunkt und wie seine Umgebung ein Überrest aus Bayerns Vergangenheit als Lagune. Der Jurakalk gilt als weltweit begehrter Naturstein, und die Steinbrüche, in denen er gewonnen wird, sind zugleich Fundstellen bedeutender Versteinerungen aus der Urzeit.

Die schönste menschliche Bearbeitung bewahrt der Eichstätter Dom auf. Der Pappenheimer Altar wurde Ende des 15. Jahrhunderts aus einer einzigen Kalksteinplatte geschnitten. Der Chorherr Kaspar Marschall ließ das elf Meter hohe Relief mit der Kreuzigungsszene fertigen, zum Dank für seine glückliche Heimkehr von einer Pilgerreise. Es lohnt, in die Gesichter der Figuren zu schauen – von Häme bis Mitleid ist ihnen ihr Gefühlsleben ins Gesicht geschnitten.

INFO

ZUM ALTEN WIRT IN GUNGOLDING

Kaum 200 Meter von der Altmühl entfernt liegt der Alte Wirt im Örtchen Gungolding – scheinbar abgelegen, dabei kommen die Gäste gern aus Ingolstadt oder Eichstätt, um hier in einem der zehn Gastzimmer zu übernachten und zu speisen, und auch für viele Einheimische bietet die traditionell bayerische Küche von Manfred Weiser einen Anlass für den Feierabendausflug. Das breitschultrige Gasthaus ist in Bauweise und Material ein Musterbeispiel für ein Jura-Haus, die Innenräume mit Gewölben und Holzbalkendecken zeugen von seiner langen Geschichte. Seit 1831 ist eine Gastwirtschaft an dieser Stelle belegt, überall finden sich Antiquitäten wie ein schmaler Kinderwagen oder das Blatt einer alten Baumsäge. Die Wirtsfamilie Weiser betreibt den Alten Wirt bereits in der fünften Generation.

WEITERE INFORMATIONEN

naturpark-altmuehltal.de
zum-alten-wirt.com
das-altmuehltal.de
walting.de
eichstaetter-dom.de

↖ Die Arnsberger Leite ist einer der schönsten Aussichtspunkte im Altmühltal.
↑ Der Alte Wirt in Gungolding setzt auf Tradition – baulich und kulinarisch.

18

WILLIBALDSBURG – DAS JURA-MUSEUM

WO DER ARCHAEOPTERYX WOHNT

Es ist ein kleines Paradoxon: Das Kernstück der Willibaldsburg, die hoch und klotzig über Eichstätt thront, wog im echten Leben rund 800 Gramm. Es handelt sich um einen Archaeopteryx, der sowohl den Dinosauriern wie den Vögeln zuzurechnen ist. Im Jura-Museum lassen er und viele weitere Urtiere die Vorzeit auferstehen.

Begonnen hat alles mit einer Feder. Im Jahr 1860 entdeckte sie der Naturwissenschaftler Hermann von Meyer im Solnhofer Bruch, einem der vielen Steinbrüche im Altmühltal. Der Begründer der Paläontologie der Wirbeltiere in Deutschland muss gleich gewusst haben, dass es sich um etwas ganz Besonderes handelte. Ein Jahr später fand Meyer ein zur Feder passendes Skelett und fertigte eine Lithografie seines Sensationsfunds im Plattenkalk an. Unter dem Namen *Archaeopteryx lithographica* (Archaeopteryx heißt so viel wie »alte Feder«) wanderte das in der tiefen bayerischen Provinz freigelegte Exemplar in die Sammlung des British Museum in London – doch auch die Fundorte auf der Fränkischen Alb gingen nicht leer aus.

Im Museum von Solnhofen wie im Jura-Museum auf der Willibaldsburg oberhalb von Eichstätt finden sich Versteinerungen des Urvogels, der als Mosaik- oder Übergangsform die Kennzeichen zweier biologischer Einheiten in sich trägt. Einerseits deuten Zähne, Bauchrippen, diverse Wirbel und knöcherne Merkmale auf seine Zugehörigkeit zu den Echsenbeckensauriern hin, andererseits verweisen Schwungfedern und Gabelbein auf das Entwicklungspotential zum modernen Vogel. Die gerade erst aufgestellte Evolutionstheorie von Charles Darwin mit den *missing links,* den Übergangsformen zwischen den Entwicklungsschritten, fand im Altmühltal eine eindrucksvolle Bestätigung. Im Archaeopteryx-Saal des Jura-Museums werden die Verflechtungen genau erklärt. Die Abdrücke der berühmten Feder allerdings sind heute im Museum für Naturkunde in Berlin und im Münchner Paläontologischen Museum zu sehen.

Im Schlamm geborgen

Längst ist der Urvogel nicht die einzige Attraktion auf der Willibaldsburg. Zu ihm gesellten sich seit der Museumsgründung im Jahr 1976 Krokodile, Krebse und Korallenfische, Flug- und Fischsaurier sowie das weltweit einzige Exemplar des Raubsauriers Juravenator. Der »Jäger des Juragebirges«, zu Lebzeiten höchstens gänsegroß, kehrt im fossilen Zustand sein Inneres nach außen und offenbart in der hellerleuchteten Vitrine selbst Pusteln auf der Haut, so gut ist die Versteinerung erhalten. Aber ist das ein Grund, warum das Jura-Museum zu Bayerns schönsten Plätzen zählt? Neben dem Mysterium ihrer Erhaltung bewirken die ausgestellten seiner insgesamt 100 000 Objekte, dass die Fantasie ungeheuer beflügelt wird. Wie sah es aus, das urzeitliche Bayern, als vor rund 200 bis 150 Millionen Jahren das Jura-Meer den Urgrund allen hiesigen Lebens bildete? Was hat sich hier getummelt, als die Menschheit noch nicht einmal als Idee existierte? Damals herrschte tropisches Klima zu Wasser und zu Lande und ließ eine breite Vielfalt an

→ Früher logierten die Fürstbischöfe in der Burg, heute ist sie der Sitz des Jura-Museums.

Lebensformen entstehen. Ablagerungen organischen und anorganischen Ursprungs bildeten als Korallenriffe die Gesteine der heutigen Fränkischen und Schwäbischen Alb. Das relativ flache Jura-Meer war deutlich in einen lichtdurchfluteten oberen und einen lebensfeindlichen unteren Teil getrennt. Sanken die Kadaver gestorbener Tiere und Saurier auf den Meeresgrund, konservierte sie dort ein Fäulnisschlamm, der die Knochensubstanz durch Mineralien ersetzte oder sie sicher verwahrte. Die Ereignisse späterer Jahrmillionen, Plattentektonik und Eiszeiten, hoben sie wieder bis beinahe ans Tageslicht.

Und noch ein Punkt macht das Museum auf der Burg so sehenswert: die riesigen Aquarien, durchschwommen von Korallenfischen, deren Farbenpracht kaum zu überbieten ist. Sie geben einen Eindruck vom Leben im Jura-Meer, inklusive einiger Urzeitrelikte wie dem Pfeilschwanzkrebs oder dem Knochenhecht. Zugleich bewahren sie in idealen Verhältnissen und mit ausgeklügelter Technik die Faszination Korallenriff. Eine kleine Meer-Arche.

Burg im Wandel

Jede Wette, dass Johann Konrad von Gemmingen und die ganze Reihe der Äbte und Fürstbischöfe vor und nach ihm aus dem Staunen nicht mehr herauskämen, welche tropischen Wunderwelten der massive Klotz ihrer Willibaldsburg derzeit birgt. Vom frühen Willibald ganz zu schweigen, der als erster Bischof von Eichstätt den Grundstein legte zum wahrscheinlich katholischsten aller bayerischen Bistümer, dem Hochstift Eichstätt. Bis vor ein paar Jahren war das Priesterseminar St. Willibald verantwortlich für das Museum, seit 2019 obliegt es der Stiftung der Universität Eichstätt-Ingolstadt. In jahrelangen Bau- und Sanierungsarbeiten hat die Burg ein neues Eingangsgebäude vor dem wuchtigen Gemmingenbau erhalten. Der schlossartige Teil geht auf Planungen des Augsburger Renaissancebaumeisters Elias Holl zurück. Die Gesamtanlage entstand Mitte des 14. Jahrhunderts als Inbegriff einer Trutzburg auf dem knapp 500 Meter hohen Willibaldsberg, den die Altmühl in einer scharfen Schleife umfließt. In mehreren Zügen ließen die jeweils amtierenden Bischöfe die Befestigungen ihrer Burg verstärken. 1725 zogen sie ins Tal um.

Die Geschichte der Archaeopteryx-Funde ist übrigens noch nicht zu Ende im Altmühltal. Das zwölfte und bisher letzte Exemplar, rund 153 Millionen Jahre alt und jüngst von Hobby-Paläontologen in einem Erlebnissteinbruch entdeckt, stellt der Dinosaurierpark Altmühltal aus. Um die bisher älteste Versteinerung hatte es einen jahrelangen Streit zwischen dem Finder und den Steinbruchbesitzern gegeben. Hermann von Meyer, der Vater des Archaeopteryx, ließ kurz vor seinem Fund eine Hochschulkarriere als ordentlicher Professor an der Universität Göttingen sausen. Wie gut, dass er lieber an einem der schönsten Geotope Bayerns Steine klopfen wollte.

↗ Zwischen winzig und gewaltig rangiert die Urzeitfauna – bewahrt im Sandstein.
↖ Der Archaeopteryx lebte vor etwa 150 Millionen Jahren – hier das »Eichstätter Exemplar«.
← Ein anderer Schwerpunkt des zweitgrößten Naturkundemuseums in Bayern sind die Aquarien.

INFO

HERRLICHE BLÜTEN

Als würde es nicht reichen, dass die Willibaldsburg in ihrem Inneren wahre Schätze hegt, sie pflegt auch einen in ihren Wehranlagen. Der Bastionsgarten, angelegt im Auftrag des Fürstbischofs Johann Konrad von Gemmingen, versammelte um das Jahr 1600, was botanisch auserlesen und exotisch bzw. beides war. Dazu gehörten Sonnenblumen wie Tulpen, Feigen und Tomaten, Lilien, Artischocken, Hyazinthen und vieles mehr. Das naturkundliche Interesse war die eine Triebfeder, der Wunsch, die fürstbischöfliche Machtfülle zu zeigen, eine andere. In dem Zusammenhang steht auch der Auftrag zu dem Buch, dessen Titel »Hortus Eystettensis« heute synonym für den Bastionsgarten steht. Der Apotheker und Verleger Basilius Besler hielt darin auf knapp 370 Kupferstichen und 840 Seiten mehr als 1000 Pflanzen der Anlage fest. Der Prachtband wog rund 14 Kilo. Auf Beslers Stand aus dem Jahr 1613 konnte man sich beziehen, als die durch den Dreißigjährigen Krieg und andere Katastrophen zerstörten Beete vor einigen Jahren nach dem historischen Vorbild neu bepflanzt wurden.

WEITERE INFORMATIONEN

jura-museum.de
schloesser.bayern.de
naturpark-altmuehltal.de
bavarikon.de

Der Hortus Eystettensis gedeiht wieder – im Bastionsgarten.

Ein Höhepunkt am südwestlichsten Zipfel Bayerns: der einzige Leuchtturm des Freistaats am Lindauer Hafen. Ihm gegenüber markiert der Bayerische Löwe bayerisches Terrain.

SCHWABEN & ALLGÄU

Stadt, Land, Wasser – das westliche Südbayern hat viel zu bieten.

19

SIELENBACH – MARIA BIRNBAUM

BYZANZ IN BAYERN

Dass sich Deutsche in Italien verlieben, kommt vor – aber dass ein Baumeister und Komtur ein römisches Gebäude in die bayerische Provinz versetzt, hat Seltenheitswert. Zumal, wenn das Ergebnis dann eher nach Vorderem Orient als nach Heiliger Stadt aussieht. Einen Besuch lohnt Maria Birnbaum daher in jedem Fall.

Im hügeligen Süden des Wittelsbacher Landes, am Rand des Landkreises Aichach-Friedberg, versteckt sich das Örtchen Sielenbach in einer grünen Senke des Ecknachtals. Zwei längere Straßen durchschneiden die Gemeinde, daran reihen sich Einfamilienhäuser und ehemalige Bauernhöfe, und fast ist man schon durchgefahren, da erhebt sich am südlichen Ortsausgang ein reichlich ungewöhnliches Kirchengebäude, überwölbt von mehreren Kuppeln. Insgesamt sechs ovale Räume unterschiedlicher Größe gliedern den Bau, an die drei bedeutenderen schließen sich Türme an. Vermutlich quasi aus Verlegenheit, weil der Nord- und der Südturm das Gewölbe über dem Langhaus abstützen. Die eher flach angelegte Kuppel wird von einem Tambour, dem Aposteltum, gekrönt. An ihrer Architektur lässt sich am besten das große Vorbild der Kirche Maria Birnbaum ablesen: das Pantheon in Rom.

Ein kleines Wunder

In den Jahren ab 1642 diente der Deutschordensritter Philipp Jakob von Kaltenthal in der päpstlichen Leibgarde im Vatikan, am Ende unterstand ihm die Präfektur. Als Verwalter der Ordensniederlassung kehrte er Mitte der 1650er-Jahre nach Deutschland zurück. Um 1666, da war Kaltenthal vermutlich in seinen Vierzigern, versah er sein Amt im nahegelegenen Blumenthal. In dessen Nähe hatte sich die Wallfahrt zu »Unserer Lieben Fraw im Pürnbaum« etabliert, zu einem geschnitzten Vesperbild, das die Wirren des Dreißigjähriges Krieges halb abgebrannt im Moor überstanden hatte und später in einen ausgehöhlten Birnbaum gesetzt worden war. Darin hockt die Statuette bis heute, die Reste des Baumstamms sind hinter dem Hauptaltar zu sehen. Kaltenthal bezahlte die byzantinisch anmutende Kirche wohl weitgehend aus eigener Tasche, viele kostenlose Arbeitsstunden der örtlichen Handwerker und Bauern unterstützten das Unterfangen.

Entstanden sind so unter dem Architekten Konstantin Pader der erste nennenswerte barocke Zentralbau und die erste Kuppelkirche nördlich der Alpen, knapp vor der großen Theatinerkirche am Münchner Odeonsplatz, so vermerkt es die Kunstgeschichte. Was sie nicht erzählt: dass das Kircheninnere unterm hellen Stuck ein lichtdurchströmtes Wunder ist mit zauberhafter Akustik. Von Philipp Jakob von Kaltenthal findet sich im Kirchenraum kaum eine Spur. Auf seiner Grabplatte stehen weder Name noch Lebensdaten, dafür auf Latein die Worte: »Hier liegt der Staub, die Asche und das Nichts des Gründers dieser heiligen Kirche.«

INFO

INITIATIVE IM IDYLL

Wie eine Wagenburg aus Stein schließt sich die Anlage von Schloss Blumenthal um einen großen baumbestandenen Innenhof. Ringsum sind nahezu alle alten Gebäude restauriert, am schönsten das von vier Türmchen abgesteckte ehemalige Wasserschloss, in dem heute ein Hotel mit 40 Zimmern untergebracht ist. 2006 haben einige Familien die Anlage übernommen und Zug um Zug mit Werkstätten, Ateliers, Büro- und Seminarräumen ausgebaut. Heute leben hier 47 Erwachsene und 27 Kinder in einer Art Mehrgenerationen-Wohngemeinschaft zusammen, betreiben das Anwesen, eine Landwirtschaft und führen den Hofladen. Im Gasthaus und dem schattigen Biergarten setzt man auf Bio-Gastronomie mit vielen vegetarischen und veganen Gerichten. Schloss Blumenthal liegt nur wenige Kilometer nördlich von Maria Birnbaum im Ecknachtal.

WEITERE INFORMATIONEN

Maria Birnbaum, Maria-Birnbaum-Str. 51,
86577 Sielenbach
wittelsbacherland.de
schloss-blumenthal.de

← Eine besondere Kirche in einem bescheidenen Ort – Maria Birnbaum in Sielenbach
↑ Gesunde Küche, feines Hotel, schöner Biergarten – in Schloss Blumenthal

20

AUGSBURG – DAS SCHAEZLERPALAIS

PARKETT FÜR PRINZESSINNEN

Vor mehr als 250 Jahren ließ sich eine reiche Augsburger Familie ein prächtiges Wohn- und Geschäftshaus in bester Lage errichten. Herzstück der 1800 Quadratmeter großen Prunkimmobilie ist der Festsaal im überbordenden Rokokostil. Für die Ausführung verpflichtete der Bauherr die besten Handwerker seiner Zeit.

Auch Gebäude erleben ihre gesellschaftlichen Höhepunkte. Für das Schaezlerpalais war es am 28. April 1770 so weit. Auf ihrer Brautfahrt nach Versailles legte Prinzessin Marie Antoinette an jenem Tag in Augsburg Station ein, besuchte eine Aufführung von Voltaires »Die drei Sultaninnen« und nahm danach die Einladung von Benedikt Adam von Liebert, Edler von Liebenhofen wahr. Er weihte mit einem Ball sein neu errichtetes Stadtpalais ein. Unter dem Spiel von 24 Orchestermusikern absolvierte Ihre königliche Hoheit einige Menuette, allen voran mit dem Fürsten von Starhemberg, wie der Lebensbericht von Benedikt Adam von Liebert vermerkt. Darin ist von einigen Runden Gesellschaftstanz die Rede; ob die junge Habsburgerin wirklich an jenem Abend ein Paar roter Schuhe zertanzte, darf bezweifelt werden. Vermutlich aber stellte jene Aprilnacht auch für die erst 14-jährige Kronprinzessin einen Höhepunkt dar. Es war die einzige Einladung zum Ball während ihrer Reise.

Im Bürgerhimmel

Die Einweihung des Gebäudes konnte also prachtvoller nicht sein, und auch seine Ausstattung wird für monatelangen Gesprächsstoff in Augsburgs High Society gesorgt haben. Schmal an der Eingangsseite zur Maximilianstraße, ewig lang an der Katharinengasse, bildet der Festsaal den architektonischen Höhepunkt des langgestreckten Bauwerks. Bis heute ist er nahezu vollständig original erhalten. Entworfen von Karl Albert von Lespilliez, malte Gregorio Guglielmi 1767 das Deckenfresko, einen Götterhimmel mit Allegorien der damals bekannten Kontinente mit Europa in der Mitte. Die Stuckdekorationen fertigten die Wessobrunner Brüder Franz-Xaver und Simpert Feichtmayr. Placidus Verhelst übernahm die Schnitzarbeiten an Spiegeln, Wänden und Möbeln.

Im selben Stock wie der Festsaal hängen noch vor den Bildern der Deutschen Barockgalerie in einem Seitenraum die Porträts der Familie Liebert-Schaezler, ein erfrischend ungeschöntes Panoptikum von Kugelbäuchen und Doppelkinnen. Schmuck, Garderobe und Gesichtsfarbe sind exquisit. Es muss ja auch wirklich niemand das Haus verlassen, der durch eine Zimmerflucht von mehr als 100 Metern schreiten kann. Wolfgang Freiherr von Schaezler, der Urenkel des Erbauers, schenkte der Stadt 1958 das Gebäude samt dem fast viereckigen Barockgarten. Dabei stellte er zwei Bedingungen: Das Haus dürfe nie verkauft und nur für kulturelle Zwecke genutzt werden. Augsburg hält sich dran!

INFO

WASSER MIT SYSTEM

Mehr Brücken als Venedig, Wasser- und Brunnenwerke, ein Netz von Kanälen, die Frischwasser und Energie lieferten und das Abwasser aus der Stadt leiteten: Augsburgs Wassermanagement-System hat der Stadt 2019 den Welterbetitel der UNESCO beschert. Prämiert wurde das Zusammenspiel von Innovation, Technik und Kunst. Insgesamt 22 einzelne Objekte gehören zum Gesamtensemble, auch der Herkulesbrunnen von Adriaen de Vries direkt vor dem Schaezlerpalais zählt dazu. Einen Überblick über die einzelnen Bestandteile, die eine Strecke von 30 Kilometern verbindet, gewinnt man im Welterbe-Zentrum am Rathausplatz. Im Sommer finden geführte Radtouren entlang dieser Route statt, die auch beim Düker Halt machen. Bei dieser – Galgenablass genannten – Kreuzung wurde bereits im 16. Jahrhundert Trink- von Brauchwasser getrennt.

WEITERE INFORMATIONEN

kunstsammlungen-museen.augsburg.de
augsburg-tourismus.de
wassersystem-augsburg.de

↖ »Merkur und der Welthandel« lautet der Titel des Deckenfreskos im Rokoko-Tanzsaal.
↑ Am Roten Tor steht der Große Wasserturm von 1416 – der älteste in Deutschland.

21

GERSTHOFEN – BALLONMUSEUM

FÜR ÜBERFLIEGER

Was ist schöner als Bayern? Der Himmel über Bayern. Das fand jedenfalls Alfred Eckert, passionierter Aviatiker und Gründer des ersten europäischen Fachmuseums für Ballonfahrt in Gersthofen bei Augsburg. Eckert sammelte unermüdlich, was es zum Thema gab – von Piccards Druckkapsel bis zur nachgebauten Gondolfière.

Joseph Maximilian von Lütgendorf war vermutlich ein ziemlich schräger Vogel. Um seinem ersten Flug in einer Gondolfière die nötige Öffentlichkeit zu verschaffen, hatte er Tausende von Eintrittskarten verkauft und ein Amphitheater errichten lassen. Nach zwei Fehlversuchen sollte der dritte Start am 24. August 1786 in Gersthofen bei Augsburg gelingen – doch leider blieben Freiherr und Fluggerät am Boden und wurden zum allgemeinen Gespött. Dabei war Lütgendorf nur in Deutschland Pionier. Knapp drei Jahre zuvor hatte Jean-François Pilâtre de Rozier die erste bemannte Ballonfahrt der Geschichte absolviert und von Passy nach Gentilly eine Strecke von zehn Kilometern zurückgelegt. Als Physiker am königlichen Hof war er eingestiegen, als Nationalheld stieg er aus. Zwei Jahre später zählte der Franzose beim Absturz der von ihm entwickelten Rozière zu den ersten beiden Opfern der Luftfahrt. Am Drang des Menschen, sich durch die Luft zu bewegen, haben dieser und etliche andere dramatische Unfälle nichts geändert. Wie viel Mut dazu gehörte, sich in ein fraglos dekoratives, aber auch windiges Gondelschiffchen zu begeben, verdeutlicht das originalgetreue Modell des Lütgendorfschen Gefährts, das im Ballonmuseum von der Decke hängt.

(K)ein exotisches Thema

Läuft man im spiralförmig angelegten Treppenhaus nach oben, wächst mit jedem Schritt der Respekt vor all den Wagemutigen – und zugleich die Dimension dieses Liebhaberthemas, das so abgehoben gar nicht ist, wie es zunächst scheint. Ging es doch auch den Luftpionieren um ein Ausloten der menschlichen Fähigkeiten im Zusammenspiel mit der Technik. Wie weit kommt man, wie hoch, welche Materialien sind am besten geeignet, wie lassen sich natürliche Gegebenheiten wie ablandige Winde oder gar der Jetstream nutzen, welche Extreme hält der Mensch aus?

Die Frage, warum sich ausgerechnet Gersthofen und das nahe Augsburg für ein solches Museum empfehlen, ist dagegen schnell beantwortet. Hier stimmten die Voraussetzungen: eine hochentwickelte Tuchindustrie, die Verfügbarkeit von Wasserstoff, der Freiballonverein Augsburg – weltweit der älteste aktive Luftsportverein. 1897 entstand eine Ballonfabrik in Augsburg, die zeitweilig bis zu 800 Mitarbeiter beschäftigte. Von ihrem Fabrikgelände startete Auguste Piccard 1931 mit seinem Ballon Richtung Stratosphäre – seine kugelförmige Druckgondel ist der Star der Sammlung Alfred Eckert.

← Der Nachbau einer Gondolfière füllt das kreisrunde Treppenhaus im Museum aus.
↓ Ideale winterliche Bedingungen für die Montgolfiade am Ufer des Tegernsees

INFO

EISKALTE FARBENPRACHT

Es liegt nicht gerade um die Ecke, aber was sind schon 100 Kilometer Luftlinie? Für Ballonbegeisterte lohnt sich der Weg vom Ballonmuseum an den Tegernsee in jedem Fall auch mit irdischen Verkehrsmitteln, das dürfte im Winter ohnehin die bequemere Wahl sein. Dann nämlich steigen über dem im Idealfall zugefrorenen Tegernsee die Ballone, Luftschiffe und Modellballone auf – Letztere sind ferngesteuerte Nachbildungen und mit acht Metern Höhe deutlich kleiner als die Großballone. Seit 2001 findet die Montgolfiade zwischen den letzten Januar- und den ersten Februartagen statt, ein farbenfrohes Spektakel in der Nachsaison, das mehrere Tausend Besucher anlockt. Sofern der Himmel mitspielt; manchmal sorgen Wind, Wetter oder die matschige Enterrottacher Startwiese für Verschiebungen, was echte Aviatiker und solche, die es werden wollen, keinesfalls abhält.

WEITERE INFORMATIONEN

ballonmuseum-gersthofen.de
tegernsee.com
ballooning-tegernsee.de

22

DONAUWÖRTH – KÄTHE KRUSES PUPPENWELTEN

DIE WEICHE REVOLUTION

Nur auf den ersten Blick scheint der Begriff Revolution zu hoch gegriffen – gelang doch Käthe Kruse nichts weniger als eine Aufwertung der Kindheit. Ihren Weg von der Mutter zur Unternehmerin und die Veränderung ihrer Puppenkinder zeichnet das kleine Museum in Donauwörth nach, einem Ort mit Puppenstubencharakter.

Wie muss sich Friedebald Kruse in den 1930er-Jahren bei einem weihnachtlichen Stadtbummel gefühlt haben, wenn ihn aus jedem zweiten Warenhausschaufenster das eigene Konterfei entgegensah? Der zweitjüngste Sohn von Käthe Kruse, als Kind mit einem engelsgleichen Gesicht ausgestattet, war das Vorbild für die »Puppe VIII«, eine der erfolgreichsten Schöpfungen seiner Mutter. Der kleine Mund, der schwermütige Blick, sogar der Name – alles war unverkennbar Friedebald. Im August 1918 geboren, beschwor sein Taufname den baldigen Frieden im Ersten Weltkrieg. Den kreativen Anstoß zur Puppenfertigung aber hatten 13 Jahre zuvor Käthe Kruses erste Tochter Maria und ihr Mann Max gegeben, ein bekannter Bildhauer und Bühnenbildner. Maria, gerufen Mimerle, wünschte sich zu Weihnachten 1905 eine Puppe. Vater Max kommentierte: »Ick koof Euch keene Puppen. Ick find se scheußlich. Macht euch selber welche.« Und Käthe machte.

Neue Heimat Donauwörth

Wie sie die eigene Schöpfung Schritt für Schritt weiterentwickelte – davon erzählt die Ausstellung im Käthe-Kruse-Museum. Einer ihrer Grundsätze: Gefühl kommt von fühlen. Die Puppen mussten weich, aber fest, schwer, doch nicht plump und mit einem lebensechten Ausdruck versehen sein. In kurzer Zeit formte Käthe Kruse aus der ersten groben Stoffpuppe für Mimerle die Vorbilder für die späteren Klassiker, Rehhaare füllten die Körper der handgefertigten Modelle. Seit 1910 belebten sie die Berliner Warenhäuser und wurden zum Exportschlager bis Amerika.

Nach dem Zweiten Weltkrieg verließ Käthe Kruse die Produktionsstätten in Bad Kösen an der Saale und zog nach Donauwörth: Wo die Kapell- auf die Augsburger Straße trifft, hat sie ein paar Jahre gewohnt. Heute wirkt das Städtchen, in dem die Wörnitz in die Donau mündet, zwischen dem Rathaus und dem Fuggerhaus selbst wie ein Puppenstübchen. Von der zentralen Reichsstraße führt ein Abzweig zum rötlich-dicken Rieder Tor, einem der zwei noch erhaltenen Stadttore. Kruses Werkstätten blieben zunächst in Sachsen-Anhalt, dort fertigte nach Kriegsende ein Volkseigener Betrieb unbesorgt ums Urheberrecht weiter in ihrem Namen. Käthes Kinder Max und Michael bauten die Firmensitze in Donauwörth und Bad Pyrmont auf, Tochter Hanne passte die Puppen dem Zeitgeschmack an und erweiterte das Sortiment um Babyprodukte. Und Friedebald? Er starb 1944 als Soldat in Russland bei einem Autounfall – doch als Puppe lebt er in Kinder- und Sammlerstuben weiter.

INFO

TRÄUMEN AN DER WÖRNITZ
Ein Flüsschen in der Mitte von Bayern: Die Wörnitz trödelt von Schillingsfürst in Mittelfranken ziemlich schnurstracks Richtung Südosten und mündet in Donauwörth in die Donau. Das »schnurstracks« erscheint allerdings nur so, legt sich die Wörnitz doch in viele Schleifen und benötigt für die in Luftlinie kaum 75 Kilometer lange Strecke stolze 132 Kilometer. Eine Ruhe, die ansteckt: egal, ob man mit dem Kanu unterwegs ist oder dem Flusslauf auf dem Wörnitzradweg folgt. Er misst 107 Kilometer und lässt sich durch die ebene Rieskraterlandschaft leicht in zwei bis drei Tagesetappen bewältigen. Die angemessenste Tätigkeit an der Wörnitz aber ist das Träumen – an ihren grünen Ufern, auf Aussichtsfelsen wie dem Wennenberg oder bei den historischen Steinbrücken, zwei der schönsten finden sich in Wörnitzstein und Harburg.

WEITERE INFORMATIONEN
donauwoerth.de
kaethe-kruse.de
ferienland-donauries.de
woernitzradweg.de

← Über die Reichsstraße führte die alte Handelsroute zwischen Augsburg und Nürnberg.
↑ Ein ruhiges Flüsschen zwischen Frankenhöhe und Donauwörth – die Wörnitz

23

KEMPTEN – DER RATHAUSPLATZ

DURCH DIE ZEITEN GERETTET

»Wir sind also baierisch. Gott gnade uns allen«, schrieb ein Kempter Geistlicher 1802. Inzwischen hat man sich arrangiert, und doch erscheint die zweitgrößte Stadt im Regierungsbezirk Bayerisch-Schwaben einzigartig. Am Rathausplatz, vis-à-vis vom historischen Rathaus, lässt sich über ihre Vorzüge trefflich nachsinnen.

Rathäuser sind wie steinerne Visitenkarten, in die der ganze Stolz einer Gemeinde, ihr architektonischer Ehrgeiz und nicht zuletzt das Steuergeld ihrer Bürgerinnen und Bürger fließen. Manchmal gerät der Bau so scheußlich, dass man sich seiner nach einiger Zeit entledigen muss, mal wird er zerstört oder muss Modernerem weichen. Das Rathaus in Kempten steht seit 1474 und kostete die bedeutende Summe von 3000 Pfund Heller, nach heutiger Kaufkraft etwa 700 000 Euro. Zuvor gab es einen Getreidespeicher an der Stelle, seit 1382 ist das Gebäude in weiterer Funktion als Rathaus belegt – das erscheint im ländlichen Allgäu als schöner historischer Co-Working Space, hier der Schrot, da das Korn.

Die spätgotischen Züge sieht man dem Rathaus bis heute an mit seinem Treppengiebel, der sich am Eingang in geschwungener Form wiederholt, mit den adlergekrönten Türmchen links und rechts und dem Reichsadler auf der zum Platz gewendeten Ostseite, halb schwarz, halb gold. Diese Redundanzen spiegeln die Geschichte von Kempten als Doppelstadt: Über mehrere Jahrhunderte existierte es einmal als reichsfreie Stadt, daneben unter der Regie eines Fürstabts als gleichnamige Stiftssiedlung. Mit der Reformation vertiefte sich die Spaltung, und während des Dreißigjährigen Krieges standen sich gar beide Seiten als Kriegsparteien gegenüber. Danach war die Einwohnerzahl auf ein Fünftel und nur noch 1000 Bewohner dezimiert. Erst die Säkularisation beendete die Trennung – Gott meinte es also gut mit dem neubairischen Kempten.

Wo Putten mit Delfinen spielen

Die Modernisierer der 1950er- bis 1970er-Jahre kannten dagegen nur wenig Gnade. Damals verspielte die Stadt ihr Privileg, unzerstört aus dem Zweiten Weltkrieg gegangen zu sein, und setzte viel Historisierendes an die Stelle von Historischem. Zuvor hatten die nationalsozialistischen Herren im Rathaus hier und da verändert, regotisiert und die Legende von »Heinrich, dem Kempter« auf die Südseite pinseln lassen. Form und Funktion des Baus blieben aber von allen Neuerungen unberührt, und auch der Brunnen davor zeigt noch sehr schön, wie blumig man sich im Jahr 1601 Delfine vorstellte. Die Spitze der Brunnensäule ziert die Statue eines römischen Feldherrn – vielleicht der erste Einwohner von *Cambodunum*. Denn das römische Erbe gehört natürlich auch zum Nachsinnen über Kempten, einer der ältesten deutschen Städte und der ersten, die man schriftlich erwähnte.

← Durch die Jahrhunderte ein Lieblingsort in der Doppelstadt Kempten – der Rathausplatz
↓ Beschaulicher Übergang: die Hängebrücke über die Iller bei Altusried

INFO

DIE BÜRGERBRÜCKE

Sie ist ein bescheidendes Blaues Wunder, fern der Dresdner Brücke gleichen Namens: die Hängebrücke zwischen den überaus winzigen Altusrieder bzw. Dietmannsrieder Ortsteilen Fischers und Pfosen. Die zwei Stationen auf dem Oberallgäuer Rundwanderweg liegen nicht weit unterhalb der Illerschleife. Früher hat an dieser Stelle ein Fährmann übergesetzt, aber aus Altersgründen 2001 aufhören müssen. Ein Ersatz musste her, um den beliebten Wanderweg fortzuführen. Entstanden ist die Hängebrücke für Fußgänger in 1200 ehrenamtlich geleisteten Arbeitsstunden zwischen April und August 2007. Zusammengehalten von 2750 Schraubverbindungen, führt sie auf knapp 85 Metern über die ruhig dahinfließende Iller. Das ist zwar nur etwa ein Zehntel der Länge, die die Sky Bridge in Tschechien misst, aber immerhin Bayernrekord.

WEITERE INFORMATIONEN

kempten-tourismus.de
altusried.de
Im Zumsteinhaus arbeitet das Kempten-Museum die Stadtgeschichte auf, kempten-museum.de

24

OBERSTDORF – DURCH DIE BREITACHKLAMM

DER KLANG VON KRAFT

Mit einem Fortschritt von einem Millionstel Millimeter am Tag fräst sich die Breitach bei Oberstdorf durch den Schrattenkalk und bildet Deutschlands tiefste Schlucht. Die gut zwei Kilometer lange Strecke durch die Klamm ist eine leichte, für Familien gut geeignete Wanderung entlang von schwerwiegenden Naturwundern.

Ist das schon tosen oder noch rauschen? Sicher ist jedenfalls: So klingt Kraft. Unablässige, stete, aber nicht immer gleich starke Kraft. Im Winter, wenn die feinen Rinnsale und dünnen Wasserschleier an den Felsen herunter gefroren sind und das Wasser auf niedrigem Pegel durch die Schlucht fließt, klingt es anders als im Sommer nach einem tüchtigen Schauer oder wenn sich Schmelzwasser in die Breitach mischt. Dann lässt das Klammgetöse jeden menschlichen Laut mühelos untergehen, aber viel zu sagen gibt es ohnehin nicht in einer der tiefsten Schluchten Europas. Dafür viel zu zeigen: auf eine Felsformation, die sich »Indianerkopf« nennt, auf riesige Steintrümmer, die sich ineinander verkeilt haben und in schwindelnder Höhe zwischen den Felsen klemmen. Bis zu 150 Meter tief fallen die Schluchtwände ab bzw. steigen an, die schmalste Stelle misst gerade mal zwei Meter.

Zumeist aber geht der Blick nach unten auf das grünlich schimmernde Wasser und auf das, was es mit dem Schrattenkalk gemacht hat. An manchen Stellen sind Strudeltöpfe ausgehöhlt, anderswo wirken die Felsen wie blank poliert. Was muss es für ein Anblick gewesen sein für Johannes Schiebel, den Pfarrer von Tiefenbach, der 1904, nur an einem Hanfseil hängend, die Schlucht erkundete und ein »Naturdenkmal von wilder Schönheit« vorfand. Das war die Geburtsstunde des Klammvereins und der Erschließung der ewig tosenden Schlucht.

Grüner Wandteppich

Nur einmal, da war der Kraftklang ausgestellt. Zwischen dem 23. September 1995 und dem 23. März 1996 schwieg die Schlucht. Zuvor war ein Felsrutsch von 50 000 Kubikmeter Gestein auf der Kleinwalsertaler Seite niedergegangen und hatte den Eingang blockiert. Dahinter staute sich das Wasser der Breitach mehr als 30 Meter auf. Genau ein halbes Jahr später entlud sich dann die Kraft: Eine Flut aus Stein und Wasser rauschte durch die Klamm und riss die Stege mit sich. Der Klammverein musste alles neu aufbauen. Und kaum zehn Jahre später wieder: Im August 2005 stand das Wasser nach heftigen Regenfällen 6,60 Meter über dem Wegeniveau, das scheinbar sichere zehn Meter über dem niedrigsten Pegel liegt. Am Ausgang ist der Schuttkegel des Felssturzes noch zu sehen. Dort lohnt der Aufstieg zum Zwingsteg. Von hier aus ist alles gut zu sehen: die Kraft des Wassers am harten Fels, die grünen Wandteppiche aus Moos, die zerbrechliche Bebauung und die noch viel zerbrechlicheren Menschen darauf.

INFO

UNVERGESSLICHE NÄCHTE

Der Begriff vom Abhängen bekommt in der Nähe von Pfronten eine völlig neue Bedeutung. In mehreren Metern Höhe schaukelt dort ein sogenanntes Portaledge frei zwischen Bäumen, der Auf- und Abstieg gelingt nur am Seil. Mit den anderen Finessen des Schwebebetts macht man sich während des Aufbaus vertraut – die Mithilfe ist ausdrücklich erwünscht. Danach aber greift die Vollverpflegung: Abendessen, Getränke und das Frühstück am nächsten Morgen sind im Preis inbegriffen. Zum Portaledge zwischen Bäumen gibt es noch eine waghalsigere Variante: Dabei suchen sich die – zwingend schwindelfreien – Übernachtungsgäste in 100 bis 300 Metern Höhe zusammen mit einem Guide an einer Felswand ein kuscheliges Zelt-Plätzchen zum Biwakieren. Nicht auf einem schmalen Felsvorsprung, sondern im breiten Schwebebett versteht sich – Mut gehört trotzdem dazu.

WEITERE INFORMATIONEN

breitachklamm.de
oberstdorf.de
pfronten.de

↖ Ein frostiges Vergnügen ist die Begehung der Breitachklamm bei Eis und Schnee.
↑ Ein wahres Himmelbett bereitet Pfronten seinen Übernachtungsgästen.

25

LINDAU – EIN LEUCHTTURM AM BODENSEE

EINFACH EINZIGARTIG

Bayern ist nicht gerade als Seefahrernation bekannt, doch immerhin gibt es einen Leuchtturm im Freistaat. Der südlichste und mit einer Höhe von 428 Metern über dem Meeresspiegel höchstgelegene Leuchtturm Deutschlands markiert die Hafeneinfahrt von Lindau. Von seiner Plattform aus geht der Blick in drei Länder.

Vielleicht war er der größte bayerische König – wenn auch einer der kürzesten, zumindest, was seine Amtszeit betrifft. Maximilian II. regierte Bayern zwölf Jahre lang bis zu seinem frühen Tod 1864. In dieser Zeit tat er sich vor allem als Förderer der Wissenschaften hervor und daneben auch als Bauherr, allerdings nicht so altertumsorientiert wie sein Vater Ludwig I. und weniger märchentrunken als sein Sohn, Ludwig II. In die Zeit seiner Regierung fällt der Bau des Leuchtturms an der Lindauer Hafenmole, einem der wenigen Leuchttürme weltweit mit Uhr.

Am 4. Oktober 1856 brannte das erste Mal ein Ölfeuer auf der Feuerhöhe von 35 Metern über dem gemittelten Seeniveau. Keine zwei Jahre später kam König Max vorbei und nahm das Bauwerk samt dem 50 Tonnen schweren Bayerischen Löwen aus Kelheimer Marmor, der auf der anderen Seite der Mole wacht, in Augenschein. Im Zuge einer fünfwöchigen Reise, zu Fuß wohlgemerkt, die der König im Sommer 1858 in Lederhose und Janker unternahm, um auf Tuchfühlung mit seinen Untertanen zu gehen. Am 24. Juni begann sein Marsch Richtung Berchtesgaden in Lindau.

← Der Leuchtturm misst 36 Meter und kommt, wenn man Lindaus Seehöhe hinzurechnet, auf eine Feuerhöhe von 428 Meter – Rekord.

Der Leuchtturm ist nicht der Erste an Ort und Stelle, weshalb er bis heute auch der »Neue Leuchtturm« genannt wird. Seine Aufgabe als Signalgeber und darüber hinaus als Wachturm hatte mehr als 600 Jahre lang der Mangturm inne. »Dieser Turm der Mangenturm genannt ward im XII. Jahrhundert erbaut zu Leuchte, Schutz und Trutz unseres Seehafens; ein kräftig Wahrzeichen der ehemaligen freien Reichsstadt Lindau«, so steht es auf einer Tafel. Heute werden in der Turmstube unter den farbig lasierten Dachpfannen den Lindauer Kindern Märchen vorgelesen. Eine Erhöhung auf 35 Meter und die bunten Ziegel erhielt der Mangturm mit dem Bau des Neuen Leuchtturms, vielleicht als Entschädigung für seine Degradierung.

Ein geretteter Holbein

Vom Mangturm aus betrachtet, der Neue Leuchtturm wird derzeit saniert, mischt sich ein anderer Turm mit farbigen Pfannen ins Stadtbild: der Diebsturm, errichtet an der höchsten Stelle der Lindauer Insel, dem Schrannenplatz. Der auch als »Malefizturm« bezeichnete Rundturm täuscht seine Fröhlichkeit nur vor – über Jahrhunderte diente er als Gefängnisturm, und lediglich die Wärter profitierten von der schönen Aussicht und der herausgehobenen Lage. Um ein Haar hätte man vor gut 200 Jahren den Diebsturm abgerissen und den Turm der Peterskirche gleich mit, hätte der wohlhabende Handwerksmeister Jacob Götzger nicht 250 Gulden hingeblättert, um das Ensemble zu retten.

Mit dem Abriss von Petersturm und -kirche hätten sich die Lindauer Stadtverantwortlichen damals einer Sünde schuldig gemacht, die sie umgehend in ihren eigenen Malefizturm hätte befördern müssen. Die Kirche, eine der ältesten am Bodensee, entstand um das Jahr 1000. Hier liegt der Ursprung des Fischer- und Schifferdorfs, lange bevor im Jahr 1079 der Markt vom Festland auf die Insel zog. Die einfache romanische Saalkirche ist, ungeachtet ihres unscheinbaren Äußeren, innen überbordend bemalt. Die älteste Darstellung geht auf das Jahr 1300 zurück, die ungewöhnlichste zeigt in der Apsis eine Marienkrönung. Der berühmteste Freskenausschnitt aber ist vorne rechts als Teil der sogenannten Lindauer Passion zu sehen. Er trägt das rätselhafte Monogramm HH. Ob wirklich Hans Holbein der Ältere die Maria Magdalena malte? Der Zeitrahmen würde passen, um 1493 arbeitete der Renaissance-Meister in der Basilika Weingarten.

Ein Reichstag in Feierlaune

Die Zweiteilung zwischen Insel- und Festland-Lindau ist bis heute relevant. Neben den etwa 2800 Einwohnern, die auf der Insel leben, gibt es rund zehn Mal so viele Festlandsbewohner, darunter nicht wenige, die auf eine frei werdende Inselimmobilie hoffen. Am liebsten eine mit Altane, dem Dachgarten, wo ursprünglich nur die Wäsche trocknete. Inzwischen sind die Altane Musterbeispiele des *urban gardenings* und dienen als Parallelwelt zu den engen Gassen. Alle anderen, die ohne Inselhaus und hochgelegenen Garten auskommen müssen, erfreuen sich an der Hafenpromenade am Blütenmeer der Magnolien im Frühjahr sowie an der mediterranen Sommerbepflanzung. Wobei auch der Lindauer Winter seine Reize hat, vor allem, wenn zur Hafenweihnacht im Advent der Schnee leise rieselt.

Möglicherweise zum Dank für den schönen Leuchtturm, vielleicht um den mehr als drei Millionen Tagesgästen pro Jahr zu verdeutlichen, dass man sich hier in Bayern befindet, heißt die wichtigste Einkaufspassage auf der Insel Maximilianstraße. Bis heute verkauft ein Bäcker in der Brodlaube, dem 1390 gebauten Zunfthaus, seine Waren, und noch immer ragen Kran-Gauben aus den Dächern. Hier steht auch das Alte Rathaus, in dem Tagungen und Ratsversammlungen stattfinden und vor das die blumengeschmückten Kinder beim »Butschelle-Fest« ziehen, um die Stadt hochleben zu lassen. Als sei es eine öffentliche Leinwand, hat über die Jahrhunderte die Fassadenmalerei mehrfach gewechselt: Mal war das Rathaus unter dem breiten Treppengiebel »stattlich« bemalt, so ein Urteil von 1618, mal anrüchig mit einem Totentanz-Fresko von 1931. Urteile, die einiges über den jeweiligen Zeitgeist aussagen. Heute hält der Fries auf der Nordseite die Erinnerung an den Reichstag von 1496 wach und zeigt eine ausgelassene Feiergesellschaft. Kein Wunder, dass bei diesem wichtigsten politischen Ereignis der Stadtgeschichte nichts Nennenswertes herumkam!

↗ Eine Sternstunde der Stadtgeschichte schlug 1496 beim Reichstag im Alten Rathaus.
↖ Gegenüber vom Leuchtturm bewacht der Bayerische Löwe die Hafeneinfahrt.
← Vor dem Bau des modernen Leuchtfeuers hatte der Mangturm dessen Funktion inne.

INFO

IM DRUMLIN-LAND

Ein paar Kilometer vom See, von Besucherströmen und Hafentrubel entfernt liegt das Landhotel Martinsmühle inmitten des von der Eiszeit sanft gewellten Hügellands. Genauer gesagt handelt es sich bei den Kuppen um Drumlins, oft von einem einzelnen Baum bestanden und mit einer herrlichen Aussicht gesegnet. Einerseits passt die verträumte Lage in Bechtersweiler zum romantischen Garten, der nach Prinzipien der Permakultur bewirtschaftet wird, zur Schaukel am Obstbaum und der vollkommenen Ruhe der Martinsmühle. Andererseits gibt sich das Landhotel ganz modern mit seinem Empfangsbereich in schlichter Holzoptik und den 21 mit heimischem Eschenholz frisch restaurierten Zimmern. Allen Hausgästen steht die Vesperstube an sechs Abenden die Woche offen, dort gibt es vom Bauernbrot mit Käse oder Wurst bis zum Mühlenfladen aus Dinkelmehl vorwiegend Gesundes. Die Spezialität des Hauses sind die selbstgebrannten Tropfen vom eigenen Hochstammobst, manche im Eichenfass gereift, sowie ein Sortiment hausgemachter Liköre.

WEITERE INFORMATIONEN

lindau.de
lindauer-hafenweihnacht.de
landhotel-martinsmuehle.de
umweltatlas.bayern.de

Schlicht und gemütlich – die Zimmer im Landhotel Martinsmühle

FRANKEN

Mittel-, Unter- und Oberfranken halten zauberhafte Entdeckungen bereit.

Auch der kelchförmige Aussichtsturm ist aus Holz gebaut – wie fast alles am Baumwipfelpfad Steigerwald.

26

DINKELSBÜHL – DAS GESAMTENSEMBLE

EINMAL MITTELALTER UND ZURÜCK

Ein großes Magazin verlieh Dinkelsbühl den Titel »Die schönste Altstadt Deutschlands«. Damit ist ein Grundzug des mittelfränkischen Städtchens erfasst: Es glänzt als Gesamtensemble. Was nicht bedeutet, dass es nicht auch bezaubernd schöne Einzelbauwerke gäbe. Ein Spaziergang durchs Spätmittelalter.

Von der Schwedenwiese führt der Weg ins Mittelalter über zwei hölzerne Brücken, die das Flüsschen Wörnitz überqueren, und dann mitten hinein in Gassen wie aus einer anderen Welt. Sie heißen Drysatz, Wethgasse und Altrathausplatz und verlaufen gerade so verwinkelt, wie ihnen das Kopfsteinpflaster gewachsen ist. Sie geben einen Vorgeschmack auf die Zeitreise, die einem beim Stadtstreifzug bevorsteht. Er beginnt am Löwenbrunnen – umringt von den schönsten Motiven, aber daran wird sich in den nächsten zwei Stunden ohnehin nichts ändern. Richtung Osten erhebt sich das Wörnitztor in feurigem Orange, das älteste Stadttor, errichtet in der Stauferzeit, und das einzige, das noch von der ersten Stadtbefestigung erhalten ist. Von den ursprünglich etwa 30 Türmen stehen heute noch 20, dazu vier Stadttore in die Himmelsrichtungen. Knapp die Hälfte der 780 Altstadthäuser datiert aus einer Zeit vor 1500 – damit rangiert Dinkelsbühl ganz oben in der Liste der besterhaltenen deutschen Städte. Kein großer Brand, keine Kriegsbomben vernichteten hier Menschenleben oder Bausubstanz, und auch die Wörnitz gibt sich weitgehend friedlich.

Mit Brezeln bezahlt

Beinahe im Schatten des Wörnitztors macht sich das Alte Rathaus unter seinem Krüppelwalmdach breit, das älteste Steinhaus der Stadt, erstmals erwähnt 1361 und bewohnt von einer »steinreichen« Patrizierfamilie. Mehr als 300 Jahre lang versah es sein Amt, heute ist dort das »Haus der Geschichte« untergebracht. Gegenüber plätschert der Löwenbrunnen als Symbol des Marktrechts und der städtischen Freiheit. An seinem Sockel prangt der Reichsadler mit dem Stadtwappen. Es zeigt drei Dinkelähren, jede auf einen »Bühl«, einen Hügel, gesetzt. Angeblich hat ein frommer fränkischer Bauer dereinst seinen Besitz den Karmeliten vermacht, vielleicht hieß er Thingolf. Ganz sicher ist, dass die Karmeliten erst im 13. Jahrhundert nach Dinkelsbühl kamen. Ob Gründungsmythos oder schlichte Besiedlung seit Völkerwanderungszeiten: Die erste urkundliche Erwähnung fällt auf das Jahr 1188, die erste belegte Nennung als Reichsstadt datiert knapp 100 Jahre später.

Eine halbe Drehung auf dem Absatz, und das nächste, unversehrte Stück Spätmittelalter baut sich mächtig vor einem auf. Die Stadtpfarrkirche St. Georg entstand im Anschluss an die Stadterweiterung um 1450, seit 1988 darf sie sich Münster nennen. Eine Inschrift bezeichnet den genauen Baubeginn anno 1448 »uf aftermontag nach mitvasten ward der erst stain gelegt«, das war der 5. März. Nach nur 50 Jahren Bauzeit stand die große Hallenkirche in schönster spätgotischer Ausprägung. Baumeister Nikolaus Eseler, dessen Büste oberhalb der Inschrift die Figur des hl. Bartholomäus

→ Vier Stadttore und 20 Türme gehören zur 2500 Meter langen Stadtbefestigung.

← Die Größe des spätgotischen Münsters St. Georg belegt die einstige Bedeutung der Stadt.
↙ Drei Viertel aller Häuser in Dinkelsbühl stehen seit mindestens 350 Jahren an Ort und Stelle.
↘ Die Goldene Rose ist seit mehr als 500 Jahren Gasthof – heute hat er ein topmodernes Spa.

stützt, kann zufrieden schauen. Immerhin rund 4000 Einwohner lebten zu Dombauzeiten in der Stadt, das lässt sich aus Steuerlisten hochrechnen. Heute sind es gut 12 500, auch da hat sich also nicht viel verändert. Außer der doppelten Sonnenuhr unter Nikolaus Eselers Büstenkopf gibt es noch ein zweites Detail, das den genauen Blick auf die Fassade lohnt. Ein Maßwerk der Glasfenster zieren steinerne Brezeln – sie geben einen Hinweis auf die finanzstarken Unterstützer des Kirchenbaus und waren sicher den Patriziern, die damals noch genau auf St. Georg sahen, ein Dorn im Auge. Sobald sie das Bauwerk betraten, muss aber jeder Ärger verflogen sein: Die ebenmäßige Schönheit und enorme Kunstfertigkeit, mit der etwa das Sakramentshäuschen am Pfeiler ausgeführt ist, berühren zutiefst.

Ein Haus wie ein Bilderbuch

Links von der Kirche zweigt der Weinmarkt ab, die wohl schönste Straße Dinkelsbühls mit dem prominentesten Privathaus. Das »Deutsche Haus« stammt aus der Spätrenaissance. Die Patrizierfamilie Drechsel setzte damit ein Zeichen ihres Wohlstands. Erlangt hat sie ihn mit Wein, aber nicht etwa mit dem Anbau, sondern mit seinem Vertrieb. Neben Tuchhandel und Schmiedeerzeugnissen war dies eine wesentliche Quelle Dinkelsbühler Prosperität, zumindest so lange, bis die Schweden kamen.

Der Dreißigjährige Krieg war so etwas wie die Urkatastrophe der florierenden Stadt. Nicht, weil er den Ort zerstörte – die Legende von der Kinderzeche handelt von seiner Verschonung –, sondern weil er das ganze Land in Haft nahm und ausblutete. Acht Mal wechselten zwischen 1618 und 1648 die Besatzungen zwischen katholisch-kaisertreu und schwedisch-evangelisch. Der Söldner Peter Hagendorf, dessen Tagebuch eine 22 400 Kilometer dauernde Odyssee durch Europas Mitte festhält, kam im Verlauf von 24 Kriegsjahren acht Mal in die Stadt. Im 17. Jahrhundert möchte man noch nicht mal in Dinkelsbühl gelebt haben!

Eine Wiederentdeckung

Gut 250 Jahre später sah das zum Glück wieder ganz anders aus. Zwar war der Ort als Teil des bayerischen Königreichs immer noch marginalisiert, doch entdeckten die Künstler seinen Charme. Um eine Kolonie zu gründen, reichte es zwar nicht ganz, aber zur Sommerfrische kamen die Maler um den späteren Münchner Akademieprofessor Carl von Marr gern und ließen sich zumeist im Weißen Roß am Schweinemarkt nieder. Die Wirtin hatte ein großes Herz, und wenn mal einer nicht bezahlen konnte, löste er seine Rechnung mit einem Bild aus. Über der Eingangstür und in der original erhaltenen, dunkel getäfelten Wirtsstube hängen noch die Werke und machten das Weiße Roß seinerseits legendär: Ein Reiseführer aus dem Jahr 1912 erwähnt die »von jeher gemütliche Herberge der zahlreichen die Stadt besuchenden Maler und Künstler«.

INFO

DIE KINDERZECHE

Irgendwo unter seinem dicken Wams und Harnisch muss auch der in schwedischen Diensten kämpfende Obrist Claus Dietrich von Sperreuth ein Herz gehabt haben. Als ihm am 11. Mai 1632 Lore, die Tochter des Turmwärters, mit einem kleinen Jungen und einem Mädchen an der Hand und einem langen Zug an Kindern im Gefolge entgegentrat, soll er aus Rührung die Stadt verschont haben. Kurz zuvor war sein eigenes Söhnchen gestorben – diese traurige Information hatte die Lore aufgeschnappt und daraus die richtigen Schlüsse gezogen. Durch ihren Auszug mit den Kleinen erreichte die Kinderlore, was alle Ratsherren und die preisgegebenen Reichtümer nicht vermochten: Erbarmen. Seit 1897 erinnert Dinkelsbühl mit einem mehrtägigen Fest inklusive Umzug und Lager an das historisch nicht belegte Ereignis. Der Begriff »Zeche« geht auf eine Schulveranstaltung zurück, an die das Historienspiel anknüpfte. Verwahrt werden die Kostüme im Kinderzech' Zeughaus, einer alten Kornscheune; die Webseite listet seit der ersten Zeche sämtliche tragenden Rollen auf.

WEITERE INFORMATIONEN

dinkelsbuehl.de
kinderzeche.de
hotel-weisses-ross.de
romantischestrasse.de

Historisch etwas wackelig, aber reizend – die Kinderzeche

27

NÜRNBERG – JOHANNIS-FRIEDHOF

EINE ZEITREISE

Ein Friedhof als schöner Ort? Unbedingt, einerseits weil es tröstlich ist, an einem derart außergewöhnlichen Platz zu ruhen, andererseits, weil die Lebenden kommen, um zu staunen. Der Friedhof St. Johannis gehört seit 500 Jahren zu den bedeutendsten Grablegen Europas mit Epitaphen wie offenen Geschichtsbüchern.

Eine Stadt, die aus vielen Gründen besonders deutsch erscheint: Die Kaiserburg, die windschiefen Fachwerkhäuser, die Vergangenheit als Schauplatz der Reichsparteitage – legt ihre Toten auf einen vollkommen ungewöhnlichen Friedhof. Ein ordentlich ausgerichtetes Feld aus Steinsarkophagen breitet sich im Stadtteil St. Johannis hinter den rötlichen Sandsteinmauern aus, links vom Eingang steht die halbrunde Kapelle der Familie Hutschuher, geradeaus die St.-Johannis-Kirche aus dem 14. Jahrhundert. Und dazwischen und ringsum ein Meer aus zwar unterschiedlich hohen und geschmückten, aber doch ähnlich geformten Steinsärgen – sodass sich ein fast demokratischer Gesamteindruck einstellt. Als Norm galten maximal drei auf sechs Nürnberger Werkschuhe: 83,52 mal 167,04 Zentimeter.

Große Geister ruhen neben braven Bürgern, wichtige Künstler neben längst nicht mehr wichtigen Politikern. Auf 1600 Steinen sind Epitaphe platziert, zumeist aus Bronze, die für Individualität sorgen. Geschaffen von mehr als 80 nachweisbaren Meistern blieben sie durch fünf Jahrhunderte erhalten, selbst wenn der Mensch darunter längst zu Staub zerfallen und seine Familie ausgestorben ist. Ganz richtig ist der Eindruck von der demokratischen Grablege übrigens nicht: Während auf St. Johannis vorwiegend Patrizier der »Sebalder Seite« ruhen, sind auf St. Rochus Handwerker der »Lorenzer Seite« unter Epitaphen ihres Standes beerdigt.

Vor den Toren der Stadt

Der ganz junge Albrecht Dürer hat ein Aquarell der Wiesen von St. Johannis gemalt. Ob er geahnt hat, dass er dort keine 40 Jahre später auch zu liegen kommen würde? Als der Nürnberger Großmeister des feinen Strichs im April 1528 starb, hatte der Stadtrat erst wenige Jahre zuvor beschlossen, Tote und Lebende aus seuchenhygienischen Gründen weiter voneinander zu trennen – ein zukunftsweisender, wenn auch zunächst unpopulärer Beschluss. Zu den berühmten Bestatteten von St. Johannis gehören neben Albrecht Dürer sein lebenslanger Freund, der Humanist Willibald Pirckheimer, der Bildhauer Veit Stoß, der Meistersinger Hans Sachs, der Philosoph Ludwig Feuerbach und die Unternehmer Theodor von Cramer-Klett und Theo Schöller. Wolfgang Müntzer von Babenfeld, dessen Stele weit herausragt, kennt heute kaum einer mehr. Der »gestrenge und veste Herr« wollte mit der breiten Säule seine Eltern ehren – das ist rührend und vielleicht auch ein wenig aufmerksamkeitsheischend.

← Ein Gräberfeld ohne Schrecken – der St.-Johannis-Friedhof im gleichnamigen Stadtteil
↓ Was uns noch blüht – das Zukunftsmuseum wagt einen Blick darauf.

INFO

ZUKUNFTSMUSIK

Zumeist geht man ins Museum, um etwas über die Vergangenheit zu erfahren und bestenfalls daraus zu lernen – am stillen Pegnitzarm direkt an der Unteren Karlsbrücke dreht sich dagegen ein nagelneuer Museumsbau um die Zukunft. Wie werden sich KI und Big Data auf unser Leben auswirken? Werden wir ewig leben können? Die Besiedlung von Mond und Mars – wirklich realistisch? Unterteilt in fünf Bereiche mit vielfachen Querbezügen, beschäftigt sich der Ableger des Deutschen Museums München mit der Welt, dem Menschen und seinen Technologien. Was wissenschaftlich machbar und gedanklich möglich ist, welche zukunftsweisenden Erfindungen es gibt und wie es mit dem Planeten Erde weitergehen wird – das Museum gibt Antworten. Sogar auf die Fragen nach der eigenen Zukunft. Wissenschaft statt Glaskugel!

WEITERE INFORMATIONEN

Deutsches Museum Nürnberg, Augustinerhof 4, 90403 Nürnberg,
deutsches-museum.de/nuernberg
tourismus.nuernberg.de

28

NÜRNBERG – ZEITUNGS-CAFÉ HERMANN KESTEN

EINE KLAUSUR FÜR LESER

Die Wiener haben das Kaffeehaus, die Franzosen das Bistro – und die Nürnberger haben ihr Zeitungs-Café. Das ist der Stadtbibliothek angegliedert, also immer mit bestem Lesestoff versorgt, und nach einem Schriftsteller benannt, der seine prägenden Jahre in Bayerns zweitgrößter Stadt verbrachte: Hermann Kesten.

Man wünscht sich mehr als zwei Hände, zwei Augen und 24 Stunden, um im Zeitungs-Café Hermann Kesten zu lesen, was in der Welt so passiert. Das Angebot an Zeitungen ist, wie der Café-Name verheißt, breit gefächert, und es bedient viele Lesevorlieben; dargeboten werden die Printerzeugnisse auf einem Tisch der Stadtbibliothek wie ein leckeres Buffet. Der Platz, an dem sich die Lesekost und dazu ein Salat, ein Stück Kuchen oder auch nur ein Espresso im Café oder im Garten einnehmen lassen, ist denkbar weltfern – vielleicht erträgt man auch deswegen die Berichte, Leitartikel und Kommentare der neuesten Erdereignisse hier so gut. Einerseits liegt das Café mitten in der Stadt, kaum 50 Meter von der Pegnitz entfernt, andererseits erscheint es wie ein *hortus conclusus* abgetrennt vom Alltagsgetriebe. Insofern kein Kunststück, als dass der dezent verwilderte Innenhof früher zum Katharinenkloster gehörte, 1295 gestiftet für Dominikanerinnen samt angeschlossener Kirche. Bedeutung erlangte das Kloster, das in der protestantischen Stadt 1596 mit dem Tod der letzten Nonne seines religiösen Zwecks ledig wurde, als Proberaum der Nürnberger Meistersinger und vor allem wegen seiner Bibliothek. Mit mehr als 500 Büchern, teils im eigenen Skriptorium abgeschrieben, barg St. Katharina die größte Klosterbibliothek im Deutschland des 15. Jahrhunderts, darunter Schätze wie die Chorbücher in acht Bänden. Passt doch.

Freund und Helfer

Auch der Namensgeber passt, natürlich. Hermann Kesten lebte von 1904 bis 1928 in Nürnberg, er legte hier sein Abitur ab und studierte ohne rechtes Ziel. Die erste Novelle, »Vergebliche Flucht« entstand in »diesem Schatzkästlein des Römischen Reiches« und »Tummelplatz der Humanisten«. Eher ungern zieht Kesten 1928 nach Berlin, um dort als Lektor des Kiepenheuer Verlags zu arbeiten und sich zu einem der wichtigsten Autoren der Neuen Sachlichkeit zu entwickeln. Obwohl er später nicht dauerhaft in seine Heimat zurückkehrte, bezeugte er lebenslang ihre einstige Größe und Schönheit. Die Stadt dankt ihm dafür durch das Hermann-Kesten-Kolleg, ein Stipendium seines Namens – und mit dem Zeitungs-Café. Dort erinnert eine Bronzeskulptur im Garten an den kleinen Mann mit der markanten Unterlippe. Er ist heute viel eher wegen seiner aufrechten Haltung als für seine Bücher bekannt: Kesten war der Retter unzähliger Schriftstellerkolleginnen und -kollegen zwischen 1933 und 1945 und später der Präsident des deutschen PEN. Kesten starb 1996 in Basel.

INFO

BESCHWINGTES DENKMAL

»Mit Umsicht und Gründlichkeit nach allen Gesetzen der Statik und Mechanik« konstruierte Conrad Georg Kuppler, Mechaniker und Lehrer der Polytechnischen Schule zuerst das Modell einer eisernen Brücke und dann die Brücke selbst. Der Kettensteg hält bis heute, genau 200 Jahre, und ist eine kleine Sensation, weil er zu den ältesten Hängebrücken Europas gehört. Entstanden in nur vier Monaten Bauzeit, 68 Meter lang und 3,65 Tonnen schwer, bringt er seit 1824 Fußgänger vor der alten Fronfeste von einem Pegnitzufer zum anderen. Seine ärgsten Feinde hatte der Kettensteg im nationalsozialistischen Deutschland: Im Zuge der »Entschandelung« sollte das Bauwerk der Frühindustrialisierung abgerissen werden. Der Krieg kam dazwischen. Auch das schwingt mit, wenn man heute über die widerständige eiserne Brücke geht.

WEITERE INFORMATIONEN

Zeitungs-Café Hermann Kesten, Peter-Vischer-Str. 3, 90403 Nürnberg (Eingang über die Stadtbibliothek oder von der Klosterseite)
nuernberg.de

← Presselandschaft auf kleinem Raum – das Zeitungs-Café vor der Modernisierung
↑ Gehört zu Nürnberg wie die Kaiserburg – die historische Kettenbrücke

29

ANSBACH – ORANGERIE UND HOFGARTEN

ZUM VERGNÜGEN GEBAUT

In erster Linie ging es Markgräfin Christiane Charlotte um den üppig blühenden Hofgarten – die Orangerie bildet nur die architektonische Verbindung zur Residenz. Und ist doch als Schauplatz für Sommerfeste und als einstiger Überwinterungsort der Zitruspflanzen ganz den schönen Dingen des Lebens gewidmet. Bis heute.

Alle Vorstellungen von tristen Barock-Rabatten gehören über Bord geworfen. Hier wächst es bunt und duftet aromatisch: Prachtkerzen, Husarenköpfchen, Vanille-Blumen, Duftnesseln, Artischocken, Aloen, Ziertabak und Currykraut, dazu mehr als 150 Zitronen-, Pomeranzen-, Oliven-, Pistazien-, Feigen- und Erdbeerbäume in Kübeln. Die Pflanzmuster stammen aus dem 17. und 18. Jahrhundert, und die Lindenallee, die zeitweilig ein hohes geschlossenes Dach bildete, entspricht heute wieder der authentischen, auf Heckenhöhe zugeschnittenen Form. Von Eintönigkeit im Garten also keine Spur, und auch die ausgewogene Architektur vom zartgelb gestrichenen »Pomeranzenhaus« weiß zu begeistern, stammt sie doch direkt vom französischen Sonnenkönigshof. Wie das Versailler Lustschloss Grand Trianon gliedern seitliche Kopfbauten und ein Mittelrisalit die Gartenfassade, ionische Pilaster geben den hohen Fenstern einen Rahmen. Auch die Kolonnaden der Nordseite nehmen Anleihen in Frankreich, beim Louvre.

Linden, Kräuter und ein Todesfall

Die Pläne zur Orangerie gehen auf Karl Friedrich von Zocha zurück, der Impuls auf Markgräfin Christiane Charlotte. Das Jahr 1723 war ein bedeutendes für die Regentin des Fürstentums Ansbach: Noch nicht 30 Jahre alt und frisch verwitwet, brachte sie zahlreiche Bauvorhaben auf den Weg, allen voran die Umgestaltung des Hofgartens. Die Pflanzen kamen zuerst: noch 1724 die Linden, »welche aus Holland herraus gebracht worden waren« für die 550 Meter lange Allee in vier Reihen. Über ihre Mittelachse konnte man »1550 Schritte« zurücklegen. Christiane Charlotte, eine Pionierin des Fitnesstrackings? Wohl kaum, dazu ist die Markgräfin viel zu jung gestorben – bereits 1729, 15 Jahre vor der Fertigstellung der Orangerie durch den italienischen Architekten Leopoldo Retti. Die Bepflanzung folgt den alten Plänen: Zwei Mal im Jahr werden die Beete mit mehr als 20 000 Pflänzchen aus eigener Anzucht neu bestückt, Mitte Mai und Anfang Oktober.

Neben Christiane Charlotte gilt es hier weiterer Menschen zu gedenken: Nach Leonhart Fuchs, einem der »Väter der Botanik«, ist der angeschlossene Heilkräutergarten benannt. Und Kaspar Hauser, Findelkind und vorgeblicher Erbprinz, fügte sich wohl selbst im Dezember 1833 im Hofgarten die Stichverletzung zu, an der er später starb. »Hier wurde ein Geheimnisvoller geheimnisvollerweise getötet«, orakelt der Stein zu seinem Gedenken.

INFO

EINE ÜBERLEBENDE

Das Äußere fügt sich in die Umgebungsbebauung, nur die langen Gitter vor den Fenstern zeigen an, dass sich hier etwas in vieler Hinsicht Besonderes verbirgt. Die Synagoge von Ansbach ist ein Schatzkästchen, bewahrt sie doch die Einrichtung aus dem 18. Jahrhundert im Originalzustand. Zu Baubeginn 1732 hatte der Markgraf auf ein unauffälliges Erscheinungsbild des Bethauses gedrungen. Vielleicht ein Segen, lenkte der Bau von Leopoldo Retti doch scheinbar die Brandstifter der Reichspogromnacht ab. Möglicherweise lag das aber auch an der Nachbarschaft »arisch« bewohnter Häuser. Auch wenn keine Gottesdienste mehr in Ansbach stattfinden, zeugt die Synagoge mit dem achteckigen Almemor und den gedrechselten Säulen vom ehemals blühenden jüdischen Gemeindeleben.

WEITERE INFORMATIONEN

Orangerie und Hofgarten Ansbach,
Promenade 27, 91522 Ansbach,
Öffnungszeiten unter schloesser.bayern.de
ansbach.de
synagoge-ansbach.de

↖ Im Hofgarten gelang es 1627, die erste Agave nördlich der Alpen zur Blüte zu bringen.
↑ Die alte Synagoge mit wertvoller Ausstattung überstand die Pogromnacht 1938.

30

WÜRZBURGER RESIDENZ – TIEPOLOS TREPPENHAUS

EIN ITALIENISCHER TRAUM

Sie dienen dem Aufstieg und auch dem Abgang – die wenigsten Treppenhäuser sind so beschaffen, dass man länger in ihnen verweilen möchte. Eine unbedingte Ausnahme bildet das Treppenhaus der Würzburger Residenz. Sein Deckenfresko von 1752, das größte je gemalte, erzählt von allen Ecken der damals bekannten Welt.

Ein solches Hellblau kommt in Deutschland nicht vor. Deshalb musste es ein Meister aus Italien mischen und auch alle anderen Ansprüche zufriedenstellen, die sich an die Ausgestaltung eines Treppenhauses knüpften, wie die Welt zuvor noch keines gesehen hatte: 23 Meter hoch, mit einer zu bemalenden Fläche von 677 Quadratmetern, das größte durchgehende Fresko an einer Decke weltweit. Eine tatsächlich gewölbte Decke (der Stich beträgt 5,40 Meter), deren Wirkung die perfekten Proportionen der perspektivischen Malerei noch hervorheben. Das Prunktreppenhaus, der größte Gebäudeteil der Residenz mit Maßen von 30 mal 18 Metern, sollte Eindruck machen auf die edlen und weitgereisten Gäste und sie vor der Audienz ein bisschen einschüchtern.

Diese ganzen Aufgaben und Empfindlichkeiten – Giovanni Battista Tiepolo taucht sie in ein flauschiges Babyblau. Und gönnt sich kleine Späße: Mitte des 18. Jahrhunderts stattete der Absolutismus die Fürstbischöfe mit einer weltlichen wie religiösen Machtfülle ohnegleichen aus. Auf Tiepolos Fresko schwebt der Fürstbischof denn auch in unbekannten Welten – auf einer Höhe mit dem Sonnengott Apoll, während das andere Götterpersonal auf das Treiben an den Seiten und vielleicht auch auf die Besucher schaut. Dass das Konterfei von Carl Philipp von Greiffenclau etwas steif und zweidimensional im Medaillon mit dem Titel »Apotheose des Fürstbischofs Greiffenclau« prangt, ist eine köstliche kleine Frechheit.

← Das Deckenfresko der Würzburger Residenz nimmt eine Fläche von 677 Quadratmetern ein – ein bis heute unübertroffener Wert für ein weltliches Gebäude.

Wunder aus vier Kontinenten

Das Fresko thematisiert den Sonnenaufgang über der Welt, doch das wirklich spannende Geschehen auf Tiepolos in nur 14 Monaten entstandener Treppenhausdecke spielt sich auf der Erde ab. Jede der vier Seiten füllt ein versinnbildlichter Kontinent aus. Beim Hochgehen fällt der Blick auf Amerika, das wilde, unbekannte Land voller Reichtümer. Seinem Sinnbild, einer barbusigen Amazone mit Federschmuck auf dem Kopf, reicht ein Page eine Tasse Kakao, aber es gibt auch Krokodile, Kannibalismus und viel rohe Kraft. Kein Zeitgenosse wusste Amerika einzuschätzen, Tiepolo malte eine düstere Wolke darüber, auf der sich der Kriegsgott Mars fläzt.

Viel heiterer wirkt die Szene in Afrika: Hier ist alles Überfluss, die bunten Tuchballen, die Tonkrüge voller Getreide, die Tiere, der Weihrauch – sogar Wasser gibt es, symbolisiert durch den Flussgott Nil. Die dunkelhäutige Allegorie Afrikas weist nach Europa, dem Ziel von Handelsbeziehungen, und genau in der Mitte des Freskos befindet sich ein Kästchen voller Perlenschmuck. Noch zivilisierter erscheint Asien auf der Westseite des Treppenhauses als Heimat von Kultur und Sprache, verdeutlicht durch armenische Schriftzeichen, von Religion und Architektur – dafür steht Vitruvs Urhütte.

Ihre Vollendung aber erreicht die Baukunst auf der Südseite des Freskos, in Europa. Keine Bretterbude, sondern die Kuppel der Residenz ist abgebildet, nicht wilde Tiere, sondern Pferd und Stier, Menschen mit schöner Kleidung, Musiker und Künstler. Der Baumeister der Residenz, Balthasar Neumann, sitzt als ehemaliger Geschützgießer und Oberst rittlings auf einer Kanone, wenn auch in einer falschen Uniform, und schräg darüber steht vermutlich Antonio Bossi. Dem genialen Stuckateur ist im 14 Meter hohen Weißen Saal der Residenz sein eigenes Meisterstück gelungen. Auch der Maler und Vergolder Franz Ignaz Roth aus Wien ist verewigt. Die schönste Personendarstellung des Treppenhausfreskos jedoch ist Tiepolos Selbstporträt: In der linken Ecke der Europaseite schauen seine Augen mit einem undefinierbaren Ausdruck zwischen Weisheit und Ernüchterung aus dem Charakterkopf, zu seiner Linken sein Sohn Domenico wie ein jüngeres Abziehbild. So kritisch hätte Tiepolo d. Ä. eigentlich gar nicht schauen müssen: Zum Salär von 12 000 Rheinischen Gulden kam ein Bonus von 3000 Gulden. Das entsprach dem 60-fachen Jahreslohn eines Maurerpoliers und war 13 Mal so viel, wie Balthasar Neumann im Jahr verdiente.

Ein Engel aus Amerika

Ein ebenso großes Wunder wie das Himmelsblau selbst ist seine Erhaltung. Im nur leicht gereinigten und von Salzresten als Folge des eingedrungenen Wassers befreiten Original zeigten sich die Qualitäten des Freskos, das kalk- und lichtfest die Jahrhunderte überdauerte. In der Würzburger Schicksalsnacht vom 16. März 1945 brannte nach dem Bombenangriff der Royal Air Force zwar der hölzerne Dachstuhl, doch das Tuffsteinmauerwerk des Deckengewölbes hielt stand.

Und zum Glück hatte die Residenz ihren Engel: John Davis Skilton schützte erst mit Zeltplanen und später mit einem Bretterdach die kostbaren Ruinen, noch bevor der Winter 1945/46 Stuck und Fresken den Garaus gemacht hätte. So überlebten die Kunst von Antonio Bossi und das Fresko (auch dieses von Tiepolo) sowie die Marmorausstattung im 400 Quadratmeter großen Kaisersaal. Dort lassen der Flussgott Main und eine Quellnymphe ganz zauberhaft als Halbreliefs die Beine baumeln – er sein linkes, sie ihr rechtes.

Den Seitenflügeln erging es weniger gut. Nur eine einzige Scheibe des Spiegelkabinetts blieb erhalten. Doch längst sind die 600 Spiegel mit Hinterglasmalerei und feinstem 23,75-karätigen Goldschmuck rekonstruiert und reflektieren jedes Staubkörnchen. Stehen alle Türen offen, erstreckt sich die Raumflucht über 168 Meter, auch das ist rekordverdächtig. An Tiepolos Blau aber reicht nichts heran.

↗ Der Frankoniabrunnen vor der Residenz ist ein Werk des ausgehenden 19. Jahrhunderts.
↖ Der Meister im Doppelporträt mit seinem Sohn Domenico: Giovanni Battista Tiepolo
← Auch der Architekt des Würzburger Wunderbaus ist verewigt: Balthasar Neumann.

INFO

MIT EXTRASCHLEIFE

Als wolle er sich Zeit lassen bis zu einer Mündung in den Rhein, fließt der Main auf mehr als 500 Kilometern Länge durch die Landschaft, obwohl die Entfernung im Vogelflug zwischen Kulmbach und Wiesbaden nur etwa halb so lang ist. Vielleicht gefällt ihm auf seiner Reise von Ost nach West das Mäandern durch die wichtigsten fränkischen Weinanbaugebiete, das im Fall des sogenannten Maindreiecks gar zu geometrischen Figur gerät. Am östlichen Schenkel dieses Dreiecks dreht der Main bei Volkach eine Extraschleife und umfließt den Stadtteil Astheim in einem beinahe geschlossenen Kreis. Mitte August findet in Volkach das größte Weinfest der Region statt. Unter freiem Himmel verkosten rund 50 000 Besucher aus einer Auswahl von 120 Weinen. Einer der besten Aussichtspunkte auf die anmutige Flusslandschaft eröffnet sich vom ehemaligen Burgstall Vogelsburg. Dort gibt es unter dem Namen terroir f eine digitale Präsentation zur Weinlage Escherndorfer Lump, einem der wärmsten Anbaugebiete Frankens.

WEITERE INFORMATIONEN

Residenz Würzburg, Residenzplatz, 97070 Würzburg, aktuelle Öffnungszeiten unter residenz-wuerzburg.de
franken-weinland.de
fraenkisches-weinland.de
volkach.de

Einmalige Flussmäanderlandschaft: Volkachs Mainschleife

31

BAD KISSINGEN – PFAD DER BAUMGIGANTEN

STILLE GRÖSSE

Weniges wirkt so beruhigend wie die Gegenwart großer Bäume. Am Wild-Park Klaushof bei Bad Kissingen verbindet ein Waldweg besonders stattliche Exemplare auf einem Rundkurs. Wer mit Muße und Aufmerksamkeit den »Pfad der Baumgiganten« entlanggeht, wird anders aus dem Wald herauskommen, als er hineingegangen ist.

Türme bewundern wir für ihre Höhe, Brücken für ihre Spannweite und Schlösser für ihre Größe, aber Lebewesen? Vielleicht noch Elefanten und Wale, doch wer schaut zu einer 38 Meter hohen Rotbuche auf oder staunt über die 49 Meter, die eine Douglasie im Laufe ihres 110-jährigen Baumlebens erreichen konnte, ohne dass es einem Menschen gefallen hat, sie umzuhauen? Solche Baumriesen sind Solitäre, und oft stehen sie allein auf der grünen Wiese wie etwa die rund 500-jährige König-Ludwig-Eiche bei Bad Brückenau. Auf dem »Pfad der Baumgiganten« gegenüber dem Wild-Park Klaushof ist das anders: Hier wächst eine ganze Reihe beeindruckender Bäume vieler Arten mitten im Wald, verbunden durch einen gut zwei Kilometer langen Rundweg.

Königin im Baum

Geschichtlich gehen die großen Wälder westlich von Bad Kissingen auf die Würzburger Fürstbischöfe zurück. Die unangefochtenen Besitzer kirchlicher und weltlicher Macht schätzten das Heilwasser von Kissingen – und zur Entspannung vom Kuren die Jagd. Deshalb sprachen sie ein Rodungsverbot aus, sorgten für strukturelle Vielfalt in ihren Jagdwäldern und ließen Sinn für Ästhetik walten. Die Wälder sollten in ihrer vertikalen wie in der horizontalen Gliederung das Auge erfreuen. Nach der Säkularisation und dem Übergang der fürstbischöflichen Jagdreviere auf die Wittelsbacher übernahmen mit König Max II. und seiner Königin Marie zwei Baumromantiker den Besitz, die den Erlebniswert des Einzelbaumes erkannten – lang vor und wohl auch tiefer empfunden als von modernen Baumumarmern. Dem oft unter Kopfschmerzen leidenden Max ist der Aussichtspunkt Maxruhe gewidmet mit einem schönen Überblick über die Kurstadt. Und die Königin ließ sich gar eine Wendeltreppe in eine alte Eiche bauen, zur innerlichen und Aussicht verschaffenden Baumbetrachtung. Längst sind Treppe und Gehäuse verrottet, aber in der Flurkarte ist bis heute der »Königsstuhl« vermerkt.

Inzwischen sind der bayerische Staatswald als Rechtsnachfolger der Wittelsbacher Baumbestände und der Bad Kissinger Stadtwald eng verflochten. Vielleicht in einem Kompetenzendschungel? Auf jeden Fall wuchert das jeweilige Umfeld von Eiche und Rotbuche, Weißtanne und Douglasie, Elsbeere und Eibe, Ulme, Linde, Feldahorn und dem selten beachteten Speierling zu, und es gerät fast zum Aufmerksamkeitsspiel, die Tafeln der Giganten zu entdecken. Was Max und Marie wohl dazu sagen würden?

INFO

STILVOLL KUREN

Es gibt fünf Bayerische Staatsbäder, drei davon liegen in relativer räumlicher Nähe ganz im Norden von Unterfranken: Bad Brückenau, Bad Bocklet und Bad Kissingen. Der größte Standort, Bad Kissingen, mit dem ältesten Gradierwerk und der größten Trinkkurhalle des Kontinents, ist seit 2021 Teil des UNESCO-Welterbes der »Bedeutenden Kurstädte Europas«. Zum Gesamtensemble gehören Wandel- und Brunnenhalle, gebaut zwischen 1910 und 1912 vom Jugendstilarchitekten Max Littmann. Sollten sich religiöse Gefühle einstellen, ist das beabsichtigt: Die 90 Meter lange Wandelhalle ist in Kreuzform wie eine dreischiffige Basilika angelegt und als Klanghülle für Konzerte beliebt. Seit der Eröffnung am 1. Mai 1911 verteilen zwei Mal täglich die sogenannten Brunnenfrauen das Heilwasser der sieben verschiedenen Heilquellen an die Kurgäste.

WEITERE INFORMATIONEN

baysf.de
badkissingen.de
badkissingen-erleben.de
welterbe.badkissingen.de

↖ Auch als Totholz ein Gigant: umgestürzter Baum im Waldrevier der Fürstbischöfe
↑ Die Wandelhalle von Bad Kissingen ist die größte Trinkkurhalle Europas.

32

HIMMELDUNKBERG – STERNENPARK RHÖN

IM ZEICHEN DER PERSEIDEN

Welchen Gipfel man sich in der Rhön wählt, um von ihm aus einen Blick auf das sternenklare Firmament zu werfen, ist eigentlich egal. Der Himmeldunkberg bietet sich aus mehreren Gründen an: Keine Bäume verdecken die Sicht, er misst stolze 888 Meter und ist zudem einer der nördlichsten Berge des Freistaats.

Der Name Himmeldunkberg klingt grundsätzlich sehr verlockend, wenn es um einen Blick ins Weltall geht, aber *Hugimuododung* ist natürlich nicht zu toppen. So hieß die kahle Kuppe zu Zeiten Heinrichs IV., als man das Gebiet als Jagdrevier der mächtigen Abtei Fulda inventarisierte. Später war dann auch »Himmeldankberg« geläufig, und auch das passt, denn was der Himmel hier in klaren Nächten bietet, ist wirklich zum Niederknien.

Die Milchstraße von der Kassiopeia bis zum Schützen, einige Tausend Sterne (oder sind es doch unendlich viele?), das sogenannte Tierkreislicht und andere Himmelskörper sind in klaren, mondlosen Nächten über der dünnbesiedelten Rhön zu sehen. Bereits seit 1991 ist die Rhön Biosphärenreservat der UNESCO mit einer Gesamtfläche von 243 000 Quadratkilometern, gut die Hälfte davon befinden sich in Bayern. Im August 2017 kam ein weiterer Titel dazu: Die International Dark Sky Association erkannte einen Teil des Biosphärenreservats als Sternenpark an, neben dem Westhavelland und der Winklmoos-Alm bei Reit im Winkl die einzigen Plätze in Deutschland.

Milchstraße und Glockenblumen

Mitten in der Lichtschutzzone wölbt sich der Himmeldunkberg, wenn auch nur der zehnthöchste Rhön-Gipfel, so doch bloß 60 Meter niedriger als die Wasserkuppe im Hessischen, dafür aber ohne Wetterstation, Fliegerdenkmal und Radarkuppel. Seit 2022 prangt ein enormes Kreuz auf seiner mit 888 Metern höchsten Stelle. Sie könnte man sonst kaum ausmachen, rundet sich das kleine Gipfelplateau doch nach einem steileren Wegstück im Norden sehr sanft Richtung Süden. Glockenblumen setzen blaue Tupfen ins Gras, kaum eine Baumgruppe schiebt sich ins 360°-Bild. Der Blick reicht zu den Gipfeln der Umgebung, dem Kreuzberg, der Dammersfeldkuppe und den Schwarzen Bergen bis weit in die Ebene und bei klarer Sicht – und Tageslicht – sogar zum rund 120 Kilometer entfernten Fichtelgebirge.

Besonders schön ist das Sternegucken jedes Jahr Mitte August: Dann ist der Sternschnuppenschwarm der Perseiden am besten zu entdecken, dann leuchtet das Sommerdreieck aus Wega, Deneb und Altair, und Saturn, Jupiter und später Mars und Venus zeigen sich am Nachthimmel. Mit Stirnlampe und GPS findet jeder vom Parkplatz Schwedenwall aus auf den Himmeldunkberg, nach Regen können die Wiesenwege rutschig sein. Im Sommer gibt es zu ihm oder anderen Rhön-Gipfeln geführte Sternenwanderungen.

INFO

VOM SOCKEL GEHOLT

Es versteht sich von selbst, dass man alte Damen nicht zur Eile treibt. Und deswegen braucht die Dampflokomotive des Rhön-Zügles für die exakt 18,35 Kilometer lange Strecke zwischen Fladungen und Mellrichstadt gut doppelt so lange wie ein Auto: knapp 45 Minuten. Dafür aber kann man gemütlich die Landschaft betrachten und der Geräuschkulisse der Dampflok »98 886« lauschen. Sie war eigentlich schon ausgemustert und stand als Denkmal vor dem Schweinfurter Hauptbahnhof. Erneut ins Gleis gesetzt wurde sie im Jahr 2000, 102 Jahre nach ihrer ersten Fahrt. Eine jüngere Diesellok vertritt sie hin und wieder auf der Strecke. Die Webseite informiert über Preise und Abfahrtszeiten und wann unter Dampf gefahren wird. Die Saison geht von Ende März bis Anfang November.

WEITERE INFORMATIONEN

rhoen.info
biosphaerenreservat-rhoen.de
sternenparkrhoen.de
freilandmuseum-fladungen.de
fladungen-rhoen.de

← Auch beim Sonnenaufgang ein Genuss: die Landschaft im Biosphärenreservat Rhön
↑ Traditionsbewusst bis an die Haarwurzeln: Schaffner im Rhön-Zügle

Ohne Hörner, aber mit schwarzem Kopf: Rhönschafe bei der Landschaftspflege

33

AMORBACH – DIE STUMM-ORGEL

ROKOKO IN REINKULTUR

Weil sie zur Privatkapelle für die Fürsten von Leiningen wurde, überdauerte der Rokoko in der Abteikirche von Amorbach von 1747 unangetastet. Frisch wie vor nahezu 280 Jahren wirken Stuck und Malereien, doch seine überirdische Schönheit entfaltet der Kirchenraum erst, wenn die große Orgel der Gebrüder Stumm spielt.

Erst perlen die Töne, dann schwillt der Klang an, die Melodien fließen ineinander, scheinen von allen Seiten zu strömen, werden leiser, dann übernimmt eine Stimme die Führung, die Fuge baut sich von Neuem auf. Wie muss es für die Menschen im späten 18. Jahrhundert geklungen haben, als sie das erste Mal einer der größten Barockorgeln Europas lauschten? Nicht wenige werden geglaubt haben, dass sie direkt in den Himmel eingegangen sind, nachdem sich das Portal in der vorgeblendeten Fassade aus rotem Odenwald-Sandstein hinter ihnen geschlossen hat und sie in den Stuhlreihen Platz genommen haben.

65 Register besitzt die Orgel heute, 25 davon sind noch original aus dem Jahr 1782 erhalten, durch 5116 Pfeifen entweichen Luft und Klang, 30 Schalenglocken eines Diskantglockenspiels kommen dazu. Geschaffen haben die Orgel Johann Philipp und Johann Heinrich Stumm aus Rhaunen-Sulzbach im Hunsrück. In den 200 Jahren des Bestehens hat nie eine größere Orgel die Werkstatt verlassen und nie ging eine andere Richtung Bayern.

Rosig seit 300 Jahren

Zum Bildprogramm des Rokoko, der die Seele des Menschen erheben möchte, passt der Orgelklang wie eine weitere Dimension der Überwältigung. Für die andere zeichnen die Stuckateure Johann Michael Feichtmayr und Georg Üblhör sowie der Maler Matthäus Günther verantwortlich. Sie alle haben ihr Handwerk in Wessobrunn gelernt, sozusagen der irdische Ableger einer Engelswerkstatt im südbayerischen Pfaffenwinkel. Die drei Künstler und der Bildhauer Johann Wolfgang van der Auwera hatten sich durch ihre Arbeit in der Kirche von Münsterschwarzach empfohlen. In Amorbach erzählen sie Geschichten aus dem Leben des hl. Benedikt im Langhaus und von seiner Aufnahme in den Himmel im Kuppelfresko, dabei assistiert vom hl. Amor mit einem Kirchenmodell in der Hand. Die Pilaster und Seitenaltäre aus Stuckmarmor greifen den roten Lahnmarmor des Hochaltars farblich auf, Stuck rankt, Putten purzeln, von allen Seiten flutet Licht ins Innere. Zur Kanzel führt eine Doppeltreppe, deren Balustrade Muschelwerk schmückt. Aus ihrem Ornament schauen zart modellierte Büsten heraus, als würden sie sich seit fast drei Jahrhunderten über das merkwürdige Menschentreiben rosig wundern. Auch das Abschlussgitter zum Querhaus stammt von Wolfgang van der Auwera. Es riegelte während der Gottesdienste die Benediktiner von den einfachen Gläubigen ab – so viel Ordnung musste auf Erden sein.

← Während der Amorbacher Abteikonzerte und bei Gottesdiensten erklingt die Orgel.
↓ Der Schafhof, hier die Pilger- und Reiterstube, liegt mitten im Odenwald.

INFO

UNTER SCHAFEN

Als Klostergut gehörte der ehemalige Amorhof von 1446 zur Benediktinerabtei in Amorbach, doch seit Menschengedenken gilt das Anwesen unter dem Namen Schafhof als eines der besten Landhotels weit und breit. Ungeachtet des Komforts blieb der Charme des Originalgebälks im klösterlichen Speicher, im Klostergutshof und dem Kelterhaus, heute für Seminare und Veranstaltungen ausgestattet, erhalten. In mehreren Zimmern und Suiten erfahren die Gäste ländliche Ruhe inmitten des Naturparks Bayerischer Odenwald und genießen im Restaurant Abt- und Schäferstube klassisch-saisonal zubereitete hochpreisige Gerichte. Die passende Getränke-Begleitung zum Mahl kommt aus dem Gewölbeweinkeller von 1524. Der Schwerpunkt liegt auf Frankenweinen, doch auch »internationale Raritäten«, so Sommelier Hüseyin Ünal, stehen auf der Karte.

WEITERE INFORMATIONEN

Abteikirche, Schloßplatz 1, 63916 Amorbach,
amorbach.de
schafhof-armorbach.de

34

EBRACH – DER STEIGERWALD-BAUMWIPFELPFAD

WALD IM WANDEL

Baumwipfelpfade sind eine zutiefst demokratische Einrichtung: Sie holen Menschen in den Wald, die sich sonst eher selten in der Natur aufhalten. Exakt 1150 Meter misst der gemächlich ansteigende Weg über die Baumkronen im Steigerwald und zählt damit zu den längeren Strecken der Baumwipfelpfadrepublik Deutschland.

Die Kinder wissen gar nicht, wohin sie zuerst schauen sollen: nach oben, in die Baumkronen, denn darum geht es hier ja schließlich; zum Rot- und Damwild, das unterhalb der Bohlen des Baumwipfelpfads arglos äst und auf eine Futterzuwendung über schmale Holzrutschen wartet, oder auf die kleinen eingebauten Spielpassagen, die das Weitergehen auf dem langsam ansteigenden Weg spannend machen. Selbst an den Schildern bleibt die eine oder der andere hängen, denn dass mit dem deutschen Wald etwas nicht stimmt, ist wohl schon den Jüngsten klar. Warum dort beispielsweise eine Schneise das Grün durchschneidet und hier der Baumpilz am Bestandsbaum klebt, welche Vögel heimisch sind und warum Holz geschlagen wird, erfahren sie ganz nebenbei. Eine kleine Bewährungsprobe der kindlichen Ausdauer stellt der 42 Meter hohe Turm dar, nach oben wie ein Trichter weit geöffnet. Mittendrin steht eine hohe schlanke Buche, der wichtigste Baum der Region. In mehreren Etagen windet sich um ihn der Holzpfad über alle Wipfel und lässt mit jedem Schritt die Aussicht wachsen.

Perspektivwechsel

Auf dem obersten Rundkurs angekommen, ist die Vogelperspektive perfekt. Von ameisenkleinen Menschen am Waldboden keine Spur, stattdessen Weite, Höhe und eine andere Wahrnehmung von Himmel und Erde. Der Blick reicht über den Steigerwald weit ins Land und schweift vorwiegend über Laubbäume. Rund um den Standort im Südwesten der Region Hoher Buchener Wald im Ebracher Forst bilden zu 75 Prozent Buchen, Eichen und Kiefern den Wald, die sogenannte Steigerwald-Mischung. Nach dem Spessart ist der Steigerwald das größte Laubwaldgebiet im Freistaat und zu einem Drittel Teil der Bayerischen Staatsforsten. Jahr für Jahr entnimmt allein der Forstbetrieb Ebrach etwa 100 000 Kubikmeter Holz aus dem Naturpark Steigerwald.

Dass mit beinahe trotzigem Stolz auf den Schildern geschrieben steht, dass die Kulturlandschaft das »sehr gelungene Resultat der Arbeit vieler Generationen von Förstern und Waldarbeitern« sei, ist womöglich eine Reaktion auf den inzwischen abgeschmetterten Versuch, den Steigerwald als Nationalpark auszuweisen. Oder sieht man es heute, Jahre nach der Eröffnung 2016 und etliche Dürre-Sommer später, wieder anders? Angeblich wünschen sich 73 Prozent der bayerischen Bürgerinnen und Bürger einen dritten Nationalpark im Freistaat. Auch das ein Perspektivwechsel, über den nachzudenken lohnt.

INFO

NOTRE DAME AUF DEM LAND

Ihr Durchmesser beträgt 7,6 Meter – das ist zwar nicht ganz die Größe der Rose von Notre Dame in Paris, aber für einen Kirchenbau in der Provinz rechts des Rheins ein erstaunliches Maß. Die Klosterkirche von Ebrach, 1285 vollendet, also gut 100 Jahre nach Notre Dame, war das erste Zisterzienserkloster jenseits des großen Stroms. Zeitweilig lebten mehr als 100 Mönche hier, viele wurden Äbte in anderen Klöstern, zwei stiegen zum Bischof auf. Dass der Besitz reich war, spiegelt die ehemalige Abteikirche bis ins Detail. Die dreischiffige Basilika nimmt mit fast 88 Metern in der Länge und knapp 50 Metern in der Breite Bauprinzipien der Hochgotik vorweg. Heute ist nur noch im Chor unter dem herrlichen Kreuzrippengewölbe die ursprüngliche Gestaltung zu sehen, der Barock überformte die Kirche – aber auch das: bezaubernd.

WEITERE INFORMATIONEN

baumwipfelpfadsteigerwald.de
steigerwaldtourismus.com
landkreis-bamberg.de
ebrach.de

← Herausragender Blickwinkel: Der Turm des Baumwipfelpfads ist 42 Meter hoch.
↑ Vollendete Schönheit: die Anlage der ehemaligen Zisterzienserabtei Ebrach

35

BAMBERG – ROSENGARTEN

IM DUFTHIMMEL

Berg-, Insel- und Gärtnerstadt ist die traditionelle Dreiteilung Bambergs, das gibt bereits einen Hinweis auf das traditionell enge Verhältnis zu allem, was wächst. Im Rosengarten der Neuen Residenz treibt diese Nähe zur Pflanze ihre schönsten Blüten: Mehr als 4500 Rosen aus 50 Sorten duften hier um die Wette.

Zu jeder Liebesgeschichte sollte ein Rosengarten gehören – oder ist das hoffnungslos romantisch? In europäisch lokalisierten und empfindsam veranlagten Beziehungen spielt jedenfalls die Rose oft eine besondere Rolle, das war auch bei Otto und Amalie so, die nach einem turbulenten Leben in der oberfränkischen Dom- und Residenzstadt ein ruhiges Plätzchen fanden. Von Alterssitz würde heute niemand mehr sprechen, denn beide hatten ihren 50. Geburtstag noch nicht erreicht, als sie 1862 die Neue Residenz bezogen. Eine Gedenktafel im Bamberger Rosengarten erinnert an das Paar, und man stellt sich gern vor, wie sie hier standen, den Rosenduft im Rücken und die Aussicht auf das vielfältig verschachtelte Bamberger Dächermeer vor sich. Vielleicht mussten sie auch dabei an Griechenland denken, das der Wittelsbacher Otto ab 1832 als König regierte, seit 1836 mit Amalie an seiner Seite. Jeden Abend unterhielten sie sich zwei Stunden lang auf Griechisch; Griechenland im Sinn, Bamberg vor Augen und dazu das Bukett von vielen hundert Rosen in der Nase – wenn das nicht romantisch ist.

Bukett aus 70 Beeten

Angelegt hat das erste Rosarium Frankens ein anderes Herrscherpaar: Herzog Wilhelm in Bayern (nicht etwa »von«, denn er regierte kein Land) und seine Gattin Maria Anna. Sie setzten die ersten 500 Rosenstöcke auf der zum Kabinettsgarten umgewidmeten Terrasse – ein kleines privates Paradies in einem Umfeld, das gerade erst dem Königreich Bayern einverleibt worden war. Die Ursprünge des Gartens reichen jedoch noch weiter zurück: Im 16. Jahrhundert hatte man hier eine Renaissanceanlage gepflanzt, 1733 erhielt sie nach Plänen des damaligen Bamberger Baudirektors Balthasar Neumann eine barocke Ordnung, gut 20 Jahre später ihre bis heute bestehende Größe von 3500 Quadratmetern, die Gliederung um den zentralen Brunnen und das Wegesystem. Auch der Rokoko-Pavillon des Hofarchitekten Michael Küchel, heute als Café genutzt, geht auf diese Zeit zurück. Den Grundstock für die Rosen aber legte Maria Anna von Pfalz-Zweibrücken, verheiratete Herzogin in Bayern, in den Jahren 1806 ff. Mischten zunächst noch andere Pflanzen mit, konzentrierte man sich im Verlauf des 19. Jahrhunderts auf die Königin der Blumen und zählte in dessen letztem Jahrzehnt »eine Anzahl von über 3000 Rosenstämmen in circa 500 ausgesucht schönen Sorten«. Heute hat sich der Bestand auf 4500 Exemplare aus 50 Sorten eingependelt. Bis zu 1,5 Millionen Besucher im Jahr riechen und sehen sich dort satt.

Das Verhältnis zu Gewächsen ist stadtweit in jedem Fall ein inniges. Den Welterbestatus trägt Bamberg seit 1993 nicht

→ In Reih und Glied stehen die Rosen im Garten hinter der Neuen Residenz. Von dort hat man freien Blick aufs Bamberger Dächermeer.

← Im Hintergrund ragen die Türme von St. Michael auf, dem Sorgenkind der Restauratoren.
↙ Kein Garten ohne Venus – im Rosengarten lässt sie gerade fast alle Hüllen fallen.
↘ Das Regnitz-Rathaus auf der Grenze zwischen bischöflicher und bürgerlicher Macht

nur für die 1300 baulichen Denkmäler in der Berg- und der Inselstadt sowie dem Gärtnerviertel, sondern auch – als Immaterielles Erbe – für den »Innerstädtischen Erwerbsgartenbau«. Den meisten Bamberg-Besuchern wird dieser Punkt wohl durch die Lappen gehen: Rosen sind leichter zu vermitteln als die *Bambärcher Dswiefl,* eines der eigenen Gewächse, die ehedem 500 Gärtnermeister im Stadtgebiet kultivierten. Heute sind es weniger als 40, die die Tradition der innerstädtischen Versorgung aufrechterhalten. Zu ihren Flächen gelangt man, wenn man ein Ladengeschäft durchquert und hinten hinaus wieder ins Freie tritt. Inzwischen gibt es einen Aussichtskubus mit Schautafeln, der einem Gewächshaus nachempfunden etwas schief auf der Wiese steht. Das Gärtner- und Häckermuseum, Häcker ist der fränkische Begriff für Winzer, untergebracht in einem typischen niedrigen Gärtnerstadthaus mit langgestrecktem Garten, beleuchtet die Geschichte dieser frühen Version von *urban gardening.*

Ein Loblied auf die Schöpfung

Die Rosen sind nicht die einzigen Blüten der Residenz: Die Staatsbibliothek Bamberg hütet rund 500 000 Bücher, darunter mehr als 1000 mittelalterliche Handschriften, manche von ihnen stammen aus der Zeit Kaiser Heinrichs II. Er gründete das Bistum Bamberg im Jahr 1015 und genießt bis heute gemeinsam mit seiner Frau Kunigunde höchste Verehrung in der Stadt. Kunigundes schützendem Schleier sei es zu verdanken, dass Bamberg so vergleichsweise glimpflich durchs letzte Jahrtausend gekommen ist, davon sind nicht wenige Bamberger überzeugt.

Mit dem »Lorscher Arzneibuch«, der sogenannten Bamberger Apokalypse sowie einem Kommentar zum biblischen Hohelied und dem alttestamentarischen Buch Daniel bewahrt die Staatsbibliothek drei weitere UNESCO-Erben auf, in diesem Fall dem Weltdokumentenerbe zugehörig. Auch im Bamberger Staatsarchiv am Hainpark lagern Schätze: Das Reisetagebuch von Michael Küchel aus dem 18. Jahrhundert etwa, dem Architekten des Rosengarten-Pavillons. In Sichtweite des Sandsteinbaus liegt übrigens noch ein weiterer, wenn auch verbotener Garten. Das Herbarium in der Klosterkirche St. Michael erstreckt sich über die komplette Gewölbedecke. Keine umwölkten Heiligen, keine entrückten Marien, sondern Leberblümchen, Schlafmohn und Türkenbund schmücken das Kirchenfirmament. Der Himmelsgarten mit annähernd 600 Pflänzchen, geschaffen zwischen 1610 und 1614, entstand damals auf dem nach einem Brand frisch eingezogenen Gewölbe. Als sei ihr das Unglück treu geblieben, darf man die Kirche seit vielen Jahren nicht betreten und ihr Deckenparadies bestaunen: St. Michael wird umfassend saniert. Solange kann man Trost im Klostergarten St. Michael suchen, vor 250 Jahren von Benediktinern angelegt. Seit einigen Jahren reifen dort Silvanerreben zum Wein, Marke »Bamberger Stiftsgarten«.

INFO

SINNE KÜHLEN

Rosen riechen am Morgen und in den Abendstunden am intensivsten, vor allem aber an warmen Tagen. Da liegt es nach einem betörenden Dufterlebnis im Residenzgarten nahe, die Sinne zu beleben – ohne dass die olfaktorischen Erinnerungen gleich im Chlornebel aufgelöst würden. Die Hainbadestelle setzt auf natürliche Erfrischung. Das frühere Hainbad im und am linken Regnitzarm ermöglicht das geschützte Schwimmen im Fluss. An heißen Tagen machen mehr als 2000 Bambergerinnen und Bamberger Gebrauch davon. Nach dem Bad wärmen einen die Planken am Ufer wieder auf, während die alten Bäume des Theresienhains für ausreichend schattige Liegeplätze sorgen. Bereits 1786, noch bevor es den Theresienhain gab, standen hier Wannen in Holzbaracken, rund 20 Jahre später richtete man die erste Badestelle im Fluss ein. Aus ihren Überresten entstand im Mai 1935 das Flussbad in seiner jetzigen Form, 2018 wurde es saniert.

WEITERE INFORMATIONEN

Rosengarten an der Neuen Residenz, Domplatz 8, 96049 Bamberg, Infos unter schloesser.bayern.de
bamberg.info
welterbe.bamberg.de
stiftsgarten.de
stadtwerke-bamberg.de/baeder

Ein idealer Platz für heiße Tage – die Hainbadestelle

36

BAYREUTH – MARKGRÄFLICHES OPERNHAUS

WILHELMINES VERMÄCHTNIS

Als ihre einzige Tochter Elisabeth 1748 heiratete, gab Wilhelmine von Preußen, Markgräfin von Bayreuth, dem Ereignis einen prachtvollen Rahmen: Sie ließ ein Opernhaus bauen, das als einmaliges Zeugnis barocker Festspielarchitektur gilt – ein Wunderwerk der Illusion, selbsttragend und komplett aus Holz gebaut.

Wilhelmine von Preußen hat sich ihr Leben sicherlich anders vorgestellt – sie, eine Königstochter, bereit für einen dynastischen Karrieresprung! Um darauf vorbereitet und von allen Flausen befreit zu sein, ging die Schwester Friedrichs, der später »der Große« hieß, durch die Erziehungshölle im Haus des »Soldatenkönigs« Friedrich Wilhelm I. Bei einem Fluchtversuch ihres Bruders galt sie als Mitwisserin und musste zur Wiederherstellung des Familienfriedens eine Ehe antreten. Doch die Verheiratung 1731 nach Bayreuth rangierte in jeder Hinsicht unter Wert. Eine Philosophin, deren geistige Höhenflüge der Briefwechsel und die Treffen mit Voltaire waren, zum Denken, Debattieren und Komponieren berufen, von einem der wichtigsten Herrscherhäuser Europas abgeschoben in die Provinz! Dort saß Wilhelmine mit ihrem Friedrich, der noch dazu bürgerlich erzogen worden war, weil eine Thronbesteigung in den Sternen gestanden hatte. Immerhin verstand sich das Paar gut; doch statt den erwarteten Stammhaltern ging als einziges Kind eine Tochter aus ihrer Ehe hervor, Elisabeth Friederike Sophie. Ihre Hochzeit am 26. September 1748 war der Termin, auf den Wilhelmine mit ganzer mütterlicher, markgräflicher und machtpolitischer Kraft über Jahre hinarbeitete. Sie bereitete Elisabeth eine Bühne.

← Nahezu alles ist noch original erhalten – nur der Vorhang nicht. Den nahmen Napoleons Truppen mit.

Was ihr und ihrem Architekten Giuseppe Galli Bibiena mit dem Markgräflichen Opernhaus Mitte des 18. Jahrhunderts gelang, ist schlicht zauberhaft. Über drei Galerien baut sich der glockenförmige Zuschauerraum auf, der die Bühne fortzusetzen scheint – lange Zeit hielten ihre 27 Meter Tiefe den Rekord in Deutschland. Alles ist komplett aus Holz gefertigt: Logen, Geländer, Figuren, Wappen, sogar die Efeuranken auf den Säulen, deren Bemalung den Marmor nur vortäuscht. Die Farben entsprechen wieder der originalen Tongebung in lichtem Grün und Grau. Dafür hat die fast sechs Jahre dauernde Restaurierung gesorgt, die just in dem Moment die Tore fürs Publikum schloss, als das Opernhaus 2012 den Weltkulturerbestatus erhielt. So viel Planungstreue musste sein!

Casanova schwärmte

Das Gesamtensemble, von frischen Wasserschäden und alten Übertünchungen befreit, zeigt das Erscheinungsbild von 1748 – ein Logentheater nach italienischem Vorbild, dessen bewegliche Leinwand-Kulissen einem Entwurf von Carlo Bibiena folgen, dem Sohn des Konstrukteurs. Nur die barocke Bühnentechnik existiert nicht mehr; sie wanderte in den 1960er-Jahren auf den Sperrmüll.

Die Hochzeit, die eines der attraktivsten Herrscherpaare Europas vereinte – Frauenkenner Giacomo Casanova sprach von der »schönsten Prinzessin Deutschlands« –, gilt als Glanzpunkt in Bayreuths Stadtgeschichte. Johann Adolph Hasses Oper »Ezio« eröffnete die 13 Tage dauernden Feierlichkeiten. Dass das Stück erst 1755 in Dresden aufgeführt wurde, muss Wilhelmine gefreut haben, wollte sie doch mit Wien und der Residenzstadt der sächsischen Könige gleichziehen. Dazu heuerte die Markgräfin die teuersten Sänger ihrer Zeit an.

Pomp & circumstance

Die Hochzeit der 16-jährigen Elisabeth Friederike Sophie mit dem vier Jahre älteren Karl Eugen von Württemberg spiegelt die Hybris des Absolutismus: Es gab Maskenbälle, Bankette, Jagdausflüge, Komödien und Feuerwerke. Der Hofbeamte Friedrich Wilhelm Schönhaar hat das Ereignis in einem mit Kupferstichen illustrierten Bericht festgehalten. Für die Markgrafentochter bedeutete die Hochzeit mit dem Herzog von Württemberg zwar einen gesellschaftlichen Aufstieg – menschlich war der untreue Karl die reine Enttäuschung.

Während Landesvater Friedrich bei seinen Untertanen der »Vielgeliebte« hieß, seufzte Wilhelmine: »Ach, das Volk!« Nur zur Finanzierung ihres Projekts kamen ihr die bäuerlichen Untertanen zupass, vor deren Manieren sie sich in ihre 4000 Bände umfassende Bibliothek flüchtete. Welche Gerüchte müssen kursiert sein über die wundersame Innenausstattung des Opernhauses, dessen selbsttragende Holzkonstruktion zwei Jahre nach der Fertigstellung von einer Gebäudehülle aus Gelbsandstein ummantelt wurde – ein Werk des Hofarchitekten Joseph Saint-Pierre.

Selten bespielt, gut behütet

Erst im 19. Jahrhundert öffnete das Opernhaus für Bürger seine Pforten, heute bespielen wechselnde Ensembles die Bühne. Dass es eher selten genutzt wurde, erwies sich wohl als Glücksfall: Nie brannte das Theater aus. Und auch von den Bomben, die Hitlers Lieblings- und »Gau«stadt reichlich trafen, blieb es verschont. Vielleicht bewahrte es auch sein unscheinbares Äußeres vor Schlimmerem.

Vermutlich wäre es Wilhelmine ein Graus, die Touristen zu sehen, die heute übers Parkett schlappen. Richard Wagner würde es vielleicht freuen. Ihm behagte der elitäre Anspruch des Markgräflichen Opernhauses nicht, weshalb er sich auf den Grünen Hügel ein eigenes Festspielhaus setzte. Die Festspiele eröffnet der Ministerpräsident mit einem Empfang im Hof des Neuen Schlosses, egal bei welchem Wetter, jedes Jahr am 25. Juli. Nur wenige Gehminuten durch den Hofgarten entfernt liegt Haus Wahnfried, Wagners Stammburg, in dem sein »Wähnen … Frieden fand«. Hoffentlich erlebte Wilhelmine in ihrem Opernhaus, dem sie immerhin als Intendantin vorstand, eine ähnliche Genugtuung. Lange konnte sie sich allerdings nicht daran erfreuen, sie starb 1758 mit 49 Jahren.

↗ Die drei Logengänge waren den jeweiligen Angehörigen der drei Stände vorbehalten.
↖ Wilhelmines Büste erinnert vor dem Opernhaus an die engagierte Bauherrin.
← Hinter der steinernen Fassade ist das Opernhaus in einer Art Holzkokon errichtet.

INFO

OBERFRANKEN IM GLAS

Die Region Oberfranken ist Bierland – ein Viertel aller Braustätten Bayerns finden sich hier. Genau 165 Brauereien hat der Bayerische Brauerbund im Jahr 2021 gezählt, das macht eine Braustätte pro 6200 Bewohner. Hauptsächlich sind es kleine Betriebe, die aus den regionalen Standortvorteilen schöpfen und Geschmacksvielfalt garantieren. Ein urbanes Beispiel ist die Brauerei Maisel, in Bayreuth ansässig seit 1887 und vor allem bekannt für ihre Weißbiere. Mit Craftbieren belebt der derzeitige Besitzer Jeff Maisel das Geschäft und beliefert natürlich das Kult-Restaurant Liebesbier auf dem Brauereigelände. Als klassische Landbrauerei bietet die Brauerei Bräuwerck in Neudrossenfeld acht verschiedene Biere an, vom hellen »Tagwerck« bis zum Kerwa-Festbier »Feierwerck«, alle Sorten naturbelassen und unfiltriert. Dass in Bayern so viele traditionelle Betriebe brauen, hat einen bemerkenswerten statistischen Effekt: Die Zahl der Brauerei-Neugründungen ist hier – obwohl bundesweit steigend – vergleichsweise niedrig.

WEITERE INFORMATIONEN

Markgräfliches Opernhaus, Opernstr. 14, 95444 Bayreuth, Öffnungszeiten unter schloesser.bayern.de
liebesbier.de
braeuwerck.de

Fester Bestandteil Bayreuther Kultur – das Restaurant Liebesbier

37

POTTENSTEIN – TROPFSTEINHÖHLE

EINE WG UNTER TAGE

Sie heißt zwar Teufelshöhle, aber was man in einer der größten der 1000 Höhlen der Fränkischen Schweiz zu sehen bekommt, ist ein sehr irdisches Wunder: mehrere durch teils enge Durchgänge verbundene Hallen, in denen seit 340 000 Jahren die Tropfsteine wachsen, bei etwa 9 °Celsius und 95 Prozent Luftfeuchtigkeit.

Woran sich selbst 70 Meter unter der Erdoberfläche erkennen lässt, dass man sich in einer deutschen Höhle befindet? Dass ein Barbarossa darin sitzt. Im Fall der Teufelshöhle bei Pottenstein ist dieser kaiserliche Bezugspunkt ein Stalagmit, der seit etwa 200 000 Jahren im sogenannten Barbarossadom haust. Auf stattliche 1,20 Meter bringt es der eher filigrane Barbarossa heute, es dauert etwa 13 Jahre, damit ein Tropfstein um einen Millimeter wächst, gesetzt den Fall, er wird dabei nicht gestört. Sonst vergehen weitere zehn Jahre, bis die durch eine Berührung mit der menschlichen Haut entstandene Fettablagerung gelöst wird. Wenn man etwas in einer Tropfsteinhöhle lernen kann, dann den achtsamen Umgang mit der zerbrechlichen Natur. Die ältesten Steine im 30 Meter langen, 16 Meter breiten und 13 Meter hohen Riesensaal, der klotzige »Goliath« und der sich fein verästelnde »Baum«, zählen rund 340 000 Jahre, die dünnen Kerzenstalagmiten kommen dagegen auf maximal 15 000 Jahre – wie eine WG der Erdzeitalter.

Labiles Gleichgewicht

Schon der Eingang zur Teufelshöhle ist spektakulär – 14 Meter hoch und 25 Meter breit, ein mächtiges Dolomit-Entree in die Unterwelt. Eine wichtige Rolle – zumal in einer natürlicherweise dunklen Umgebung – spielt die Beleuchtung. Damit einzelne Tropfsteine und Tropfsteingruppen im großen Ganzen der Höhle erkennbar werden, setzt farbiges Licht Akzente in der Szenerie, untermalt von dramatischer Filmmusik. Weil die alte Beleuchtung die Temperatur in der empfindlichen Höhle um bis zu vier Grad angehoben hat, wurde sie durch LEDs ersetzt. Nicht der einzige Nachteil, den der Besucherverkehr einer Schauhöhle beschert: So lagern sich winzige Teile aus der Kleidung der Schaulustigen auf den Tropfsteinen ab. Bei bis zu 140 000 Besuchern im Jahr ein echtes Problem.

Viel schöner wäre natürlich die Vorstellung, sich hier wie weiland der Geologe Hans Brand von Überraschung zu Überraschung vorzutasten. Um den einstmals hochgejubelten Brand wird übrigens heute kein besonderes Aufhebens mehr gemacht, er gehörte 20 Jahre nach seiner Entdeckung im Jahr 1922 zu einer berüchtigten SS-Einheit und war erst Ehrenbürger und dann unmöglich. An die Höhlenbären, die hier vor 30 000 Jahren lebten, erinnert dagegen ein zusammengesetztes Exemplar kurz hinter dem Eingang. Auch das eine Höhlenlektion: Das Menschenleben zählt weniger als ein Wimpernschlag.

INFO

FLUSSSCHÖNHEITEN

Tropfsteine sind die Ergebnisse von Versinterungen. Wie die mineralischen Ablagerungen an der Erdoberfläche aussehen, zeigen die Kaskaden von Kalkach bei Gräfenberg, unmittelbar unterhalb des örtlichen Bahnhofs. Kaum beachtet unter hohen Bäumen, rauscht die nur drei Kilometer lange Kalkach am oberfränkischen Städtchen vorbei und bildet wenig später gemeinsam mit der ähnlich kurzen Lillach den Aubach. An der Quelle hat die Kalkach eine bläuliche Färbung, Ausschwemmungen eines Steinbruchs trüben das Wasser ein. Eine bessere Wasserqualität zeichnet die Lillach aus, an deren Ufern mehr als 120 Schmetterlingsarten, Wasseramseln und Feuersalamander leben. Auch sie strömt über Sinterterrassen talwärts, die letzte Eiszeit hat die Stufen ausgebildet. Ein drei Kilometer langer Wanderweg ab Weißenohe begleitet das Flüsschen.

WEITERE INFORMATIONEN

pottenstein.de
fraenkische-schweiz.de
graefenberg.de
lillachtal.de

↖ Barbarossa heißt der filigrane Stalagmit inmitten des sogenannten Zaubergartens.
↑ Die Kalkach-Wasserfälle bei Gräfenberg sind eine kaum beachtete Attraktion.

Die sogenannte Stadtbrille ist eine der wichtigsten Sehenswürdigkeiten im oberpfälzischen Amberg.

OBERPFALZ & NIEDERBAYERN

Zwischen Weiden und Landshut wird die Provinz zum Schmuckkästchen.

38

WEIDEN IN DER OBERPFALZ – KIRCHE ST. JOSEF

JUGENDSTILECHT

Die Lebensart, die Kirchen, das politische Regierungsgebahren – der Barock scheint die in Bayern bis heute gebräuchliche Darbietungsform zu sein, aber es gibt natürlich Ausnahmen. Die Kirche St. Josef in Weiden in der Oberpfalz ist ein Beispiel schönsten Jugendstils, umhüllt von einem neoromanischen Mantel.

Den weitgehend säkularisierten Zeiten zum Trotz – einige Kirchen erfüllt ein Zauber, der sich auf alle Besucher überträgt, Gläubige wie Ungläubige, flüchtige Betrachter wie fleißige Beter. Manchmal sind es das schiere Alter und die Baukunst, die beeindrucken, oder auch die Größe der Gottesfurcht, die nötig gewesen sein musste, um Gebäude mit derartigem Raumvolumen zu errichten. Andere Kirchen wirken wie Hüterinnen einer sehr besonderen Atmosphäre. Auf St. Josef trifft das zu. Hinter dem Hauptportal unter gebogenen Säulen öffnet sich unter einem graublauen Decken-Firmament eine mystische Welt voller tierischer und pflanzlicher Lebewesen, einige reine Fantasieschöpfungen. Echsen, Fische und Affen tummeln sich hier, Löwe, Lamm, Bär und Wolf sind in friedlichem Miteinander vereint. Den Maler des wundersamen Zoos, Franz Hofstötter, inspirierten einerseits Bibelzitate, andererseits die Tierdarstellungen im alten Ägypten.

Bilder aus dem Paradies

Anlass zum Kirchenneubau waren Ende des 19. Jahrhunderts zwei Entwicklungen: Die simultane Nutzung der Kirche St. Michael gab nach knapp 250 Jahren Gemeinsamkeit immer öfter Anlass zu Streitigkeiten. Und: Das zuvor ausgeglichene Verhältnis zwischen Katholiken und Protestanten hatte sich innerhalb von nur 40 Jahren enorm verschoben. Eine neue katholische Hauptkirche musste her. Den Auftrag für die Architektur erhielt Johann Baptist Schott, der schon den Zwieseler Backsteindom gebaut hatte. Er verwirklichte einen weitgehend romanischen Baukörper, orientiert an Vorbildern aus Köln wie der Apostelnkirche und St. Maria im Kapitol, und er steuerte auch die wichtigsten Elemente der Innenausstattung bei.

Erst nach der Weihe am 11. November 1900 begann Franz Hofstötter mit der Ausgestaltung des Innenraums. Zunächst weder zu seiner eigenen Zufriedenheit noch zu der der Gemeinde, sodass Hofstötter erst in einem zweiten Anlauf ab 1905 den Mut zu seinem paradiesischen Bildprogramm fasste. Dabei stellte er alles Vorhandene in Frage, ließ Glasfenster austauschen, verkleidete Wandteile mit Marmorplatten und Reliefs, sorgte mit golden bemalten Stuckrosetten für dreidimensionale Effekte an der 18 Meter hohen Decke. Unter dem gekreuzigten Jesus auf Goldgrund steht die Figur des Kirchenpatrons in der Apsis des Hauptchors. Erst 1912 war Hofstötter fertig und zufrieden. In Motiven und Materialverwendung schwelgt St. Josef in reinem Jugendstil – was für eine Perle in Bayern!

INFO

TOUR MIT TURM

Der Oberpfälzer Wald ist bekannt für die weiten Fernsichten, die sich von seinen Burgen und Aussichtstürmen über Wiesen und Wälder bieten. Einen guten Eindruck dieser Qualitäten gewinnt man bei einer Wanderung auf dem »Goldsteig« über Edeldorf und Wilchenreuth zum 633 Meter hohen Fischerberg. Zunächst führt die 16 Kilometer lange Strecke an der Waldnaab vorbei, dann geht es durch den Wald und am Waldrand entlang zum Vierlingsturm. Der 25 Meter hohe Turm, der seinen Namen vom damaligen Vorsitzenden des Bauausschusses trägt, steht nach einer verzwickten Baugeschichte seit 1924. Am Fuß des Turms versorgt die Strobelhütte hungrige Wanderer mittwochs und an den Wochenenden. Ausgangs- und Endpunkt der gut fünfstündigen Rundtour über 370 Höhenmeter ist der Max-Reger-Park im Zentrum von Weiden.

WEITERE INFORMATIONEN

weiden-st-josef.de
weiden-tourismus.info
oberpfaelzerwald.de
ostbayern-tourismus.de

← Wer genau schaut, wird belohnt – die Kirche St. Josef steckt voller fantastischer Details.
↑ Der Vierlingsturm ist ein beliebtes Ausflugsziel der näheren Umgebung.

39

AMBERG – DAS LUFTMUSEUM

KÜNSTLERISCH ANGEHAUCHT

Sie ist nicht zu sehen, nur selten zu spüren, nicht zu greifen – und doch wäre ohne sie alles nichts: die Luft. Wie kommt ein derart bedeutendes Gemisch ins Museum? Das Amberger Luftmuseum macht es möglich. Als Erstes und Einziges seiner Art weltweit widmet es sich vor allem den künstlerischen Aspekten von Luft.

Mittwochs um 14 Uhr liegt Amberg am Atlantik. Dann tönt der Signalton der »Queen Mary 2«, des einzigen Ozeanliners, der noch regelmäßig über den großen Teich fährt, durch das mittelalterliche Städtchen. Drei Schiffshörner, mit 30 bar Druckluft betrieben, stoßen das Signal in einer Frequenz von 50 Hertz aus. Zwar liegt weder die fast 350 Meter lange »Queen Mary 2« am Kai der Vils noch stehen die zwei Meter langen und 650 Kilogramm schweren Schiffshörner leibhaftig dort, aber die Soundinstallation weiß trotzdem zu überraschen. Die leise Luft, ganz laut. Die Signalhorn-Installation macht deutlich, wozu dieses einfache Gasgemisch fähig ist, dem wir unser Leben verdanken.

Kreative Luftnummern

Die Idee, der Luft einen Museumsraum zu schaffen, kam dem Gründer Wilhelm Koch vor gut 20 Jahren. Damals leitete der Oberpfälzer das »Gummeum« im Raitenbucher Schloss bei Kallmünz – ein Gummimuseum, in dem viele Exponate ohne Luft ganz schön schlapp aussähen. Koch, selbst Luftbildhauer, gründete einen Luftmuseums-Verein und fand im Klösterl direkt an der Vils einen geeigneten Standort für das erste Luftmuseum der Welt. Ein kongenialer Platz, heißt doch das gelb getünchte Haus mit dem steilen gotischen Treppengiebel nach den Luftwesen par excellence die »Engelsburg«.

Seit 2006 dreht sich auf 650 Quadratmetern Ausstellungsfläche über drei Etagen alles um die große Unsichtbare: Es gibt eine Luftdusche, einen fliegenden Teppich, eine Luftharfe, eine Orgelsäule und einen Sechzehn-Ventiler. Werkzeuge und Haushaltsgegenstände wie ein aufblasbarer Eimer und ein Um-die-Ecke-Laubbläser haben ihren Platz, aber auch eher unhandliche Instrumente wie die Einkaufstüten-Orgel oder der Saugbläser, der erst wegpustet, was er einsaugen möchte, daneben eine Gegenwindmaschine und andere aufwendige Gerätschaften. Die Grenzen zwischen echtem Nutzen und tollem Spaß – wie weggeblasen. International wird die Atmosphäre im Luftmuseum, wenn Künstler aus aller Welt der Einladung nach Amberg folgen und etwa der japanische Stararchitekt Kengo Kuma sein aufblasbares Teehaus präsentiert. Oder wenn der Architekt und Fotograf Lorenzo Grifantini in der Ausstellung »Sea Beasts« Aufnahmen von aufblasbaren Schwimmtieren zeigt: Im Strandverkauf ballen sie sich zu wundersamen Wesen zusammen, die die Strände Apuliens – in der Meeresbrise schwankend – beleben.

← Von wegen nichts als heiße Luft: das Kunstobjekt »Rohrpost« mit Pedalantrieb
↓ Das gotische Rathaus von Amberg stammt aus dem 14. Jahrhundert.

INFO

STADT MIT CHARME

Die gelb getünchte »Engelsburg« ist eines der schönsten Gebäude von Amberg, aber bei Weitem nicht das Einzige, das auf eine lange Geschichte blickt. Die 1034 erstmals erwähnte Stadt kam nahezu unbeschadet durch den Zweiten Weltkrieg. Sie wird von einer fast vollständig erhaltenen Ringmauer umgeben, aus der das Nabburger Tor als das prächtigste der erhaltenen Stadttore herausragt. Kurios mutet dagegen die Stadtbrille an, ein weiteres Tor, das die Vils überspannend auf zwei Pfeilern ruht: In der Spiegelung des Wassers erscheinen die Brückenbögen wie Brillengläser. Das Kurfürstliche Schloss von 1417, das Zeughaus sowie das gotische Rathaus aus dem 14. Jahrhundert sind die bedeutendsten Profanbauten von Amberg, die Basilika St. Martin am Marktplatz seine größte Kirche.

WEITERE INFORMATIONEN

luftmuseum.de
luftkunstort.de
tourismus.amberg.de
oberpfalz.de
amberg-st-martin.de

40

BLAIBACH – DAS KONZERTHAUS

EIN ORT WIRD BELEBT

Grenznah, gerade mal 2000 Einwohner und für große Kulturereignisse wirklich nicht bekannt – so war die Ausgangslage im oberpfälzischen Blaibach. Der Architekt Peter Haimerl begriff es als Chance und baute 2014 ein Konzerthaus in die Ortsmitte, dessen Akustik Künstler und Musikfreunde gleichermaßen begeistert.

Das Wort »Wunder« ist ein großes, und man sollte es sparsam gebrauchen – im Zusammenhang mit dem Konzerthaus in Blaibach aber steht es an der richtigen Stelle. Dieser äußerlich beinahe unscheinbare Bau hat bewirkt, was vorher wohl kaum jemand für möglich gehalten hätte: die Auferweckung eines verschlafenen Provinzstädtchens mit Mitteln der Ästhetik. Die spröde Hülle des Gebäudes, das wie ein über die Hangkante gekippter Karton erscheint, nimmt Bezug auf die Steinhauertradition des Bayerwalddorfs. Die Granitbruchsteinfassade erinnert an das Mauerwerk traditioneller Gebäude und den jahrhundertelangen Granitabbau in der Region.

Unter der Erde Überirdisches

Als würde man ins Erdreich eintreten, führen Stufen unterhalb des wuchtigen Baukörpers hinab, man folgt dem Foyer, das unmerklich breiter und höher wird, die Spannung steigt mit jedem Schritt. Der Boden senkt sich ab, lenkt den Besucher nach unten, bis man plötzlich an der Bühne steht, über der sich ein vielfach gefalteter Betonhimmel wölbt. An der Topografie des Hangs entlang ziehen sich die Sitzreihen für bis zu 200 Zuhörer nach oben, auf allen Plätzen ist die Akustik hervorragend. Der Zuschauerraum, ausgestattet mit nicht zu bequemen Drahtstühlen, dient als Resonanzfläche, wie auch die Facettierung von Wänden und Decken. Durch Schlitze wird das Licht aufs Wesentliche gelenkt, die Bühne. Nur drei Millionen Euro durfte Peter Haimerl ausgeben – das legte, wie auch die Erfordernisse der Akustik, das Schuhschachtelformat nahe. Neben dem Konzerthaus hat der Architekt der gesamten Ortsmitte von Blaibach ein neues Gesicht gegeben und die alte Bebauung wiederbelebt.

Im Weidenhain

Peter Haimerls jüngstes Wunder steht auch in einer strukturschwachen Region Bayerns, etwas mehr als 200 Kilometer von Blaibach entfernt. Im oberfränkischen Lichtenfels hat er ein Haus mit gläsernen Wänden geschaffen, beschützt und beschattet von den stählernen Ästen zweier riesiger Weiden. Das nimmt Bezug auf die handwerkliche Tradition in Lichtenfels als »Deutsche Korbstadt«. Die Bäume aus verzinktem Stahl mit ihren weit herabhängenden Kronen sind aus mehr aus 300 Einzelteilen zusammengesetzt. Durch die sechs Meter hohen Fenster und die offene Konstruktion wirkt das »Archiv der Zukunft« luftig wie ein Baumhaus. In seinem Inneren ist Raum für Veranstaltungen und digitale Wechselausstellungen.

INFO

FÜNF NACH ZWÖLF

Nicht um zwölf, sondern genau fünf Minuten später beginnen die französischen Momente von Cham. Dann erklingt vom Rathausturm die Marseillaise, seit 1795 Frankreichs Nationalhymne, in Erinnerung an Nikolaus Graf von Luckner. Der gebürtige Chamer, Bierbrauersohn und Jesuitenzögling, brachte es beim französischen Militär zum Marschall von Frankreich und Oberbefehlshaber der Rheinarmee. 1792 widmete ihm Claude Joseph Rouget de Lisle das Kriegslied, zwei Jahre, bevor Luckner durch Pensionsforderungen in Paris erst vors Revolutionstribunal und dann unter die Guillotine kam. Auf dem Marktplatz findet er sich noch vollständig von Kopf bis Fuß am Brunnen, gemeinsam mit der Waldhexe und dem Bilmesschneider. Von dort bespritzt er hin und wieder neugierige Betrachter – immer für eine Überraschung gut.

WEITERE INFORMATIONEN

Konzerthaus Blaibach, Kirchplatz 4 a,
93476 Blaibach, konzert-haus.de
peterhaimerl.com
cham.de

↖ Peter Haimerl hat das ideale »Schuhschachtelprinzip« ganz neu interpretiert.
↑ Der Marktplatzbrunnen von Cham ist eine wahrhaft spritzige Attraktion.

41

REGENSBURG – STEINERNE BRÜCKE

DIE SERENISSIMA

Als älteste in Deutschland derart gut und vollständig erhaltene Brücke verdient sie unbedingte Bewunderung: Die gut 300 Meter lange Steinerne Brücke überwindet seit fast 900 Jahren die Donau. Sie war den Regensburger Kaufleuten so wichtig, dass sie tief in die Tasche griffen, um das ehrwürdige Bauwerk zu finanzieren.

Es gibt eine Reihe von Zahlen, die einem bei der Steinernen Brücke Respekt abnötigen: das Bestehen seit 900 Jahren; die 40 000 Kubikmeter verbauter Stein; ihre 14 massiven Pfeiler, die 15 Bögen stützen; die Spannweiten von bis zu 16,70 Meter. Auf dem mehr als 75 Kilometer langen Flusslauf zwischen Ulm und Wien war sie über Jahrhunderte der einzige feste Übergang über die Donau.

Vor allem aber: elf Jahre. So kurz war die Bauzeit, in der zwischen 1135 und 1146 eine der ersten nachrömischen Steinbrücken nördlich der Alpen entstand. Sie muss den mittelalterlichen Bewohnern von Regensburg wie ein Wunder erschienen sein. Ein ganz und gar nicht religiös fundiertes, denn die Kirche hielt sich bei der Finanzierung ebenso zurück wie der Staat. Weder Pilger- noch andere Heere motivierten den Bau, sondern in erster Linie das Geld. Regensburgs reiche Kaufleute und selbstbewusste Bürger ließen es sich etwas kosten, dass die Handelsrouten zwischen Venedig und Flandern, Kiew und Konstantinopel durch ihre Stadt verlaufen konnten. Wenn das keine Investition in die Zukunft war!

Hohe Ingenieurskunst

Der Architekt der Brücke ist unbekannt. Nur die Anwesenheit von *Magistri Comacini* während der Bauzeit halten Gerichtsakten fest, man stritt sich über Lohnzahlungen. Die Fachleute aus der Region des Comer Sees haben also auch hier mitgearbeitet, wie bei den Dombaustellen von Freising, Speyer, Quedlinburg und auf anderen deutschen Baustellen. Vielleicht stammte von ihnen die Idee, die Brücke nicht gerade, sondern im leichten Bogen über den Fluss zu führen? Damit wurde sowohl der Strömung wie den Untiefen im Flussbett entgegengewirkt. Das Wissen um wasserfesten Beton, über das römische Brücken-Baumeister verfügt hatten, brachten sie allerdings nicht mit. Diese Kenntnisse waren verloren gegangen, und erst im 18. Jahrhundert entwickelte John Smeaton einen Mörtel, der sich nicht im Wasser auflöste. Ohne jenen Wunderstoff kam es entscheidend auf die feste Verankerung der Pfeiler an.

Die offenbar gut vorbereiteten Bauarbeiten begannen im Sommer 1135, die Donau führte so wenig Wasser, dass man es umleiten konnte. Im trockenen Flussbett bildeten Gitter aus Eichenstämmen, beschwert mit Steinen, die Fundamente. Die außen aus Sand- und Kalkstein errichteten Pfeiler wurden im Inneren mit Bauschutt verfüllt. Um aber Hochwasser oder der Gewalt von treibenden Eisschollen standzuhalten, war eine weitere Sicherung zwingend nötig. Die sogenannten Beschlächte, spitz zulaufende Steininseln, waren die Lösung: Sie brechen vor jedem im Fluss stehenden Pfeiler die anstürmenden Fluten und leiten das Treibholz

→ Früher gab es drei Brückentürme, heute steht nur noch der Turm auf der Südseite.

ab. Von den insgesamt ehedem 15 Pfeilern waren 13 derart beschaffen, die anderen beiden stehen auf einem Steindamm und der Flussinsel Oberer Wöhrd. Ursprünglich hatten die Beschlächte enorme Ausmaße von bis zu 65 Metern Länge und 20 Metern Breite. Weil sich durch die Verschmälerung des Flussbetts die Fließgeschwindigkeit erhöhte, nutzten Mühlen auf den Beschlächten die starke Strömung unterhalb der »Stainern Pruckn«.

Satanische Verve

Auch wenn sich die Kirche weitgehend aus dem Brückengeschäft heraushielt und nur Ablassbriefe für dem Brückenbau zugeflossene Spenden austeilte, so kommt ein hochmittelalterliches Bauwerk dieser Bedeutung doch nicht ohne über- bzw. unterirdischen Beistand aus. In Regensburg sollen der Dom- und der Brückenbaumeister gewettet haben, wessen Projekt als Erstes vollendet sein würde. Angeblich sah sich der Brückenarchitekt im Hintertreffen und rief den Teufel herbei. Zum Lohn seiner tatkräftigen Unterstützung solle er die ersten drei Seelen erhalten, die über die fertiggestellte Brücke gehen würden. Nach sensationellen elf Jahren – eine Geschwindigkeit, die man heutigen Brückensanierern nur wünschen kann – stand die Steinerne Brücke, und der gewiefte Baumeister ließ als Erste einen Hund, einen Hahn und ein Huhn über ihr Pflaster spazieren. Aus Zorn verpasste der Satan dem Bauwerk einen Buckel. Das beliebte Bruckmandl schaut bis heute Richtung Dom und überwacht den Stand der Bauarbeiten – vielleicht hat es auch ein Auge darauf, dass sich niemand mit Bocksfuß mehr einmischt. Abgesehen von ihrem unbefriedigenden Ausgang für den Teufel hat die Geschichte nur einen Haken. Der Baubeginn des Doms datiert in das Jahr 1275.

Letzte Erschütterungen

Alles, alles überstand die Steinerne Brücke. Das dramatische Magdalenenhochwasser 1342, den Durchzug der Kreuzzugsheere 1147 und 1189, die Zerstörung eines Pfeilers im Dreißigjährigen Krieg, Napoleons Truppen, mehrere schwere Eisgänge, sogar die Sprengung von zwei Pfeilern durch die Wehrmacht im April 1945. Nur die moderne Mobilität hätte sie beinahe ins Wanken gebracht. In der ersten Hälfte des 20. Jahrhunderts fuhr die Straßenbahn über die Brücke, dazu erschütterten sie Busse, Autos und Taxis bis in die Fundamente. Nachdem sie ein Bürgerentscheid 1997 endgültig für den Autoverkehr sperrte, rollten noch elf Jahre lang Busse Richtung Stadtamhof am nördlichen Donauufer, bis ein Gutachten darlegte, dass die Brüstung einem Bus-Aufprall nicht standhalten würde.

Nach Abschluss der jüngsten Sanierung 2018 – sie war nötig geworden, weil sich Streusalz in die Substanz gefressen hatte – strahlt die Steinerne Brücke in neuem, alten Glanz, unten wuchtig, oben zierlicher und nur für Fußgänger und Fahrradfahrer freigegeben. Ein Jahrtausendbauwerk.

↗ Jenseits der Brücke erstreckt sich um den Dom St. Peter die Altstadt, seit 2006 Weltkulturerbe.
← Die genaue Bestimmung des Bruckmandls ist ungewiss und lässt Raum für Legenden.

INFO

SCHÖNE STIMMUNG

Weihnachtsmärkte sind Lichtblicke in der dunklen Jahreszeit, besonders wenn sich auf ihnen nicht nur Glühweinstände und Bratwurstbuden aneinanderreihen, sondern wenn sich der Blick auf ihren ursprünglichen Zweck richtet: die Vorbereitung und Besinnung auf die Feiertage. Im Innenhof von St. Emmeram, dem Schloss der Familie von Thurn und Taxis, gelingt das gut. Zum einen, weil der Eintrittspreis die Erwartung hebt, zum anderen, weil ein Kulturprogramm die Markttage zwischen Ende November und dem 23. Dezember begleitet. Es gibt viel Kunsthandwerk, offene Feuerstellen und einen »Kinderzauberwald«. Junge Musiker spielen auf. Jeden Abend beschließt eine Trompetenfanfare vom Schlossbalkon das Markttreiben. Auch die fürstliche Parkanlage steht Weihnachtsmarktgästen offen. Zu jeder Jahreszeit lohnt der Besuch von St. Emmeram, seit dem 18. Jahrhundert die Kirche der Fürstabtei, aber schon rund 1000 Jahre vorher entstanden. Der Wandermönch und spätere erste Bischof von Regensburg liegt hier begraben. Gesichert ist der Anbau der Kirche um 980. Mit der letzten Sanierung wurden die historischen Reste freigelegt.

WEITERE INFORMATIONEN

regensburg.de
tourismus.regensburg.de
wm-tut.de

Weihnachtsmarkt im Schlosshof der Familie Thurn und Taxis

42

DONAU – DURCHBRUCH UND KLOSTER WELTENBURG

GEFÄHRDETES WUNDER

Auf einem Fluss durchs Meer. Wie geht das? Wer auf der Donau die Weltenburger Enge passiert, kommt an bis zu 70 Meter hohen Felsen vorbei, die aus Korallenstöcken, Algenkrusten und Riffkalken des Urmeers bestehen. Am besten geschieht die Durchfahrt im Kahn oder Kanu – der Flussabschnitt gilt als sehr fragil.

Die Hänge von Buchenmischwäldern dicht bewachsen, die Felsen schroff, der Fluss ewig wandelbar mit mal drangvoll hohem, mal kümmerlich niedrigem Wasserstand – die Szenerie in der fälschlicherweise Donaudurchbruch genannten Flusslandschaft ist bezaubernd. Und doch stellt sich die Frage: Warum um alles in der Welt hat die Urdonau diese enge Passage gewählt? Die Antwort ist einfach: Es war gar nicht die Donau. Die Schutter, ein linker Nebenarm, vertiefte in der späten Riß-Eiszeit ihren Lauf durch die Malmkalke und vereinigte sich im Wellheimer Trockental mit der Donau. Die wiederum nahm die gebotene Abkürzung dankend an und bezog das bereitete Flussbett, auch wenn es eigentlich viel zu eng ist. Heute fließt die Schutter durch das Schuttertal, das ursprünglich die Donau ausgebildet hat – alles klar?

Schon Ludwig I. war von der Landschaft südöstlich von Kelheim derart angetan, dass er hier 1840 das erste Schutzgebiet Bayerns installierte. Als »Nationales Naturmonument« (und bis heute Bayerns einziges) wollte er die Landschaft vor dem Materialhunger örtlicher Steinbruchbetriebe retten – was den König nicht hinderte, zwei Jahre danach die Befreiungshalle auf dem Michelsberg in Kelheimer Sandstein errichten zu lassen. Gut 100 Jahre später gab es Pläne, die Flussenge in einem Stausee untergehen zu lassen. Wenn man zu Fuß von Kelheim bis Weltenburg geht, läuft man an einer Säule vorbei, die die Hochwasser der letzten Jahrhunderte anzeigt. Das gibt einen Eindruck von den Verheerungen, die eine 3,90 Meter hohe Staustufe angerichtet hätte. Sie konnte glücklicherweise abgewendet werden. Heute ist es vor allem der Verkehr der Ausflugsschiffe, der Umweltschützern und Fischern Kopfschmerzen bereitet.

Gesegnete Lage

Das betörende Tal beginnt hinter einer Flussschleife, in der im frühen 7. Jahrhundert ein erstes Kloster entstand. Bis heute leben 14 Benediktinermönche in seinen Mauern. Die Geschichte des Klosters ist geprägt von Zerstörungen, richteten sie nun Hochwasser, marodierende Völker oder die Säkularisation des Ministers Montgelas an. Da fällt es kaum ins Gewicht, dass der Titel, im Jahr 1050 das allererste Bier gebraut zu haben, eigentlich den Weltenburgern gebührt; man löst den Konflikt diplomatisch und spricht von der »ersten Klosterbrauerei«. Im Biergarten, der geschützt im Innenhof unter hohen Kastanien und Linden liegt, spielt das vor einem Glas »Weltenburger Barock Dunkel« längst keine Rolle mehr.

INFO

COSMAS DAMIAN GRÜSST

Die Klosterkirche St. Georg, ein Nach-Nachfolger des ersten Kirchenbaus, den wohl um das Jahr 700 der hl. Rupert veranlasste, steht in ihrer heutigen Form seit dem 18. Jahrhundert. Sie ist ein Musterbeispiel barocker Gestaltung und für das Phänomen *theatrum sacrum* – gemeint ist die Inszenierung des Kirchenraums als Bühne geistlicher Inhalte und Darbietung. Wichtigste Mitspieler: das Licht, aus dem der hl. Georg auf dem Hochaltar herausreitet, sowie die Sichtachsen. Die berühmtesten Arrangeure des »heiligen Theaters«: die Brüder Asam. Der Maler Cosmas Damian und sein jüngerer Bruder Egid Quirin, der Stuckateur, schufen das Kuppel- und die Wandbilder sowie die Stuckreliefs. Den Kopf in den Nacken zu legen, lohnt hier besonders: Von der seitlichen Kuppeleinfassung aus grüßt Cosmas Damian hinunter in den Kirchenraum, porträtiert von seinem Bruder.

WEITERE INFORMATIONEN

herzstueck.bayern.de
jurasteig.de
kloster-weltenburg.de

← Die Felswände der Weltenburger Enge bestehen aus Meeresablagerungen.
↑ Porträt eines Emsigen: Ob Cosmas Damian Asam gefällt, was er unten sieht?

Kloster Weltenburg an der Donau: Eine schönere Lage ist kaum denkbar.

43

PASSAU – DOM ST. STEPHAN

KIRCHE VOLLER REKORDE

An sonnigen Tagen erscheint Passau mit seinem mächtigen Dom wie der Inbegriff Bayerns: hellblau der Himmel, südlich die Luft, blendend weiß die hohe Fassade von St. Stephan. Der größte barocke Kirchenraum nördlich der Alpen beherbergt eine der größten Orgeln der Welt. Und rings um den Dom strahlt die Stadt.

Größe ist sehr relativ, aber dass Stuckengel klein erscheinen, die in Wirklichkeit 2,15 Meter messen, gibt einen sicheren Hinweis auf die Größe der Umgebung. Im 102 Meter langen und 30 Meter hohen Dom St. Stephan fügt sich selbst dieser riesige göttliche Bote unauffällig ins prächtige Gesamtbild, gestaltet von Chefplaner Carlo Lurago. Der Steinmetz Francesco della Torre und der Stuckateur Giovanni Battista Carlone übernahmen die Innenausstattung und schufen die allesamt ernsten Putti, einer trocknet gar seine Tränen mit einem Tüchlein. Darin soll Carlone sein Kind verewigt haben, das weinte, wenn sich der Vater von Oberitalien aus wieder auf den Weg nach Norden machte, um den deutschen Städten südliches Flair einzuhauchen. Der Stuckateur war einer von 16 *Artisti dei laghi*, die ab 1668 fast 20 Jahre lang an der Dombaustelle arbeiteten, darunter auch Carpoforo Tencalla, der in wesentlichen Teilen die ovalen Fresken malte und sich selbst mit rotem Turban darstellte. Der Kopf des Herrgotts in der Vierungskuppel misst mehr als einen Meter. Und ist doch – so viel zu relativen Proportionen – klein gegen die größte der 17 974 Pfeifen der Hauptorgel mit 233 klingenden Registern. Sie ist mehr als zehn Meter lang, die kleinste Pfeife kommt auf 5,5 Millimeter.

← Gigantisches Gotteslob: Der Passauer Dom birgt lauter Anspielungen. Die Länge von 33 Klaftern orientiert sich an den Lebensjahren von Jesus Christus.

Außen strahlt die Barockfassade von St. Stephan in reinem Weiß. Seit 450 hat wohl an diesem Platz eine Kirche gestanden, doch der große Stadtbrand vernichtete alle Spuren früherer Bauepochen – fünf sind es insgesamt gewesen, zwei lassen sich noch ausmachen. Nur der Ostteil des Doms blieb von den Flammen verschont und durfte von außen gotisch bleiben. Im Inneren bestand der damals amtierende Fürstbischof auf einer rein barocken Ausführung und übersah bloß einen einzigen gotischen Bogen im größten Barockdom nördlich der Alpen.

Freudenschüsse mit Wirkung

»Diese Stadt ist der höchsten Fürsten der Christenheit würdig«, schrieb Enea Silvio Piccolomini 1444, bevor er als Papst Pius II. selber einer wurde. An seinem Satz hat sich in den letzten 580 Jahren wenig geändert – an der Stadt dagegen schon. Sie ist noch prächtiger und noch italienischer geworden. Ursache dafür war der dunkelste Tag der Stadtgeschichte. Am 27. April 1662 brannten die komplette Altstadt und Teile des Neumarkts, die Innstadt mit dem Kloster Mariahilf und der Vorgängerbau von St. Stephan standen in Flammen. Den Rest erledigte die Druckwelle nach den Böllerschüssen zu Fronleichnam, der Dom sank in sich zusammen. So viel Chuzpe muss man auch erst mal haben, über einer verbrannten Stadt Kanonen zu zünden! Als hätte er bei den Bränden von 1662 auch innerlich Schaden genommen, grinst der steinerne Kopf des sogenannten

← Die leicht erhöhte Lage schützt den Dom vor den Hochwassern der Drei-Flüsse-Stadt.
↙ Die mehrfach erweiterte Orgel von St. Stephan gilt als größte Domorgel der Welt.
↘ Der Wittelsbacherbrunnen auf dem Residenzplatz huldigt den Flüssen Donau, Inn und Ilz.

Passauer Tölpels, manche sagen, er stelle den heiligen Stephan dar. Er soll von der Domfassade gefallen sein und dabei einen Teil seiner Physiognomie eingebüßt haben. Das ehemalige Wahrzeichen der Stadt steht seit 20 Jahren vorm Landratsamt – ein Schelm, wer Böses dabei denkt.

Drei Flüsse, ein Brunnen

Heute scheint der Dom sehr üppig für eine Kleinstadt bemessen, doch seine Dimension entsprach der Bedeutung Passaus über die Jahrhunderte als größtes Bistum in Europa. In der früheren fürstbischöflichen Alten Residenz entstand eine Version des Nibelungenlieds, hier heiratete ein Habsburger Kaiser. Wenige Schritte aus der engen Gasse heraus öffnet sich der Residenzplatz mit dem Wittelsbacherbrunnen, der den drei Flüssen huldigt: Die Ilz ist mit Perlen dargestellt, die Donau mit Ähren und der Inn mit Tirolerhut – auch das einmalig. In der Adventszeit schmückt ein Kranz mit 24 Kerzen den abgedeckten Brunnen. An einem hellen Frühlingstag wirkt dieser Platz mit seinen sorgsam sanierten Häusern, dem Kopfsteinpflaster und der historischen Hofapotheke dagegen wie blank gewienert. Wenigstens rund um den an erhöhter Stelle errichteten Dom ist die Dreiflüssestadt weitgehend vor Hochwasser sicher – selbst im Juni 2013, als der Pegel erst bei 12,89 Metern Halt machte, fast acht Meter über dem normalen Stand. Nur das Hochwasser von 1501 und das Magdalenenhochwasser 1342 kletterten höher.

Wie eine Arche

Von der Veste Oberhaus mit dem schönsten Blick auf Dom und Stadt wirkt die Altstadt wie eine vollbeladene Architektur-Arche, vor deren Bug sich der helle Inn in die dunkle Donau ergibt. Die Ilz biegt kanalisiert von Norden dazu. Die Fenster der Veste Oberhaus sind im unteren Teil nur aufgemalt – wollten da die Bischöfe etwas mehr scheinen als sie waren? Immerhin ist die Täuschung so gut gelungen, dass einmal sogar Diebe den Einstieg durch ein Fenster-Bild probierten.

An Geld hat es den hohen Herren jedenfalls nie gefehlt. Ende des 17. Jahrhunderts setzte der Zug des Kardinals Philipp von Lamberg zum Immerwährenden Reichstag nach Regensburg 266 Männer und 231 Pferde in Gang, die das Schiff des Fürstbischofs begleiteten. Die Diener erhielten Livreen im Wert von 1600 Gulden – dafür hätte ein Bauer 200 Jahre lang arbeiten müssen. Heute würde Johann Philipp vermutlich das Kristallschiff nehmen, in dem 1,7 Millionen Swarovski-Kristalle verarbeitet sind, abzüglich der paar zu Andenkenzwecken entwendeten Steinchen. Sollten die Flusskreuzfahrer über selbst erworbenen Reichtum verfügen, lassen ihn die wenigsten in der Stadt. Pro Jahr kommen rund 1,5 Millionen Touristen, das macht 30 Reisende auf jeden der 51 000 Einwohner – auch eine Art Flut.

INFO

RADELN AN DER DONAU

Quasi ohne Steigungen und auf einer Länge von 600 Kilometern verläuft der Radweg an der Donau durch Baden-Württemberg und Bayern zwischen ihrem Ursprung in Donaueschingen und dem Zusammenfluss mit Inn und Ilz in Passau. Mit Ulm, Dillingen, Neuburg, Ingolstadt, Regensburg und Straubing liegen viele schöne Städte an der Strecke. Wer Geschmack am Radeln mit Flussbegleitung findet, kann bis nach Wien verlängern oder gar die Gesamtdistanz von mehr als 2800 Kilometern bis zur Mündung ins Auge fassen – sicher ein mit jedem Kilometer wachsendes Abenteuer, das man nie ohne Kenntnis der aktuellen Nachrichtenlage wagen sollte. Der zweitlängste Strom Europas überquert auf seinem Weg zum gewaltigen Mündungsdelta im Schwarzen Meer nicht weniger als zehn Landesgrenzen. In den 40 Jahren seines Bestehens hat sich der Donau-Radweg zu einer der beliebtesten Bike-Strecken Mitteleuropas entwickelt. Zahlreiche Anbieter planen die Stopps, organisieren die Übernachtungen und kümmern sich um den Gepäcktransport.

WEITERE INFORMATIONEN

bistum-passau.de
passau.de
tourismus.passau.de
deutsche-donau.de
donau-radweg.info

Der Donau-Radweg zählt zu den beliebten Routen Bayerns.

44

DREISESSEL – DAS DREILÄNDERECK

EIN BERG FÜR KÖNIGE

Der Name klingt merkwürdig, hat aber Geschichte: Um den Dreisessel, mit 1333 Metern Höhe der sechsthöchste Berg im Bayerischen Wald, ranken sich Legenden. Auch noch in jüngerer Zeit umwehten den Gipfel Geheimnisse. Das hat sich erst geändert, als der Eiserne Vorhang fiel – und kurze Zeit später der Fichtenwald.

Zuallererst: Warum dieser Name, der gar nicht nach Berg klingt? Angeblich haben auf den markanten Felsen, die sich wie eine steinharte Sitzgruppe direkt am Dreisesselhaus verteilen, einst die Könige von Böhmen, Bayern und Österreich über den Grenzverlauf zwischen ihren Ländern verhandelt. Zwar fällt die Namensgebung nicht in eine graue Vorzeit, sondern bürgerte sich im 17. Jahrhundert ein, doch der Mythos passt trotzdem zur kargen Gegend. Hier lässt sich das Phänomen der Wollsackverwitterung des harten Granits in sämtlichen Erscheinungsformen studieren. Wie willkürlich rund um den Gipfel und entlang des Weges verstreute Stapel von versteinertem Sackleinen lümmeln die Felsen im Gelände.

Das zeigt sich inzwischen weitgehend baumlos. Stürme, Hitze und der Borkenkäfer, dieser Ökokriegsgewinnler, haben den einstmals dichten Fichtenwald gefällt und mit ihm viele Vorbehalte gegen den Nachbarn im Osten. Statt Undurchdringlichkeit herrscht jetzt maximaler Weitblick in jede Richtung – bei klarem Wetter sind sogar die Alpen zu sehen. Über die Gipfel der Plöckensteine, die es in bayerischer und böhmischer Ausfertigung mit jeweiligem Kreuz gibt, erreicht man das Dreiländereck, wo Tschechien, Deutschland und Österreich aufeinandertreffen. Seit 1993 markiert ein Stein die Stelle und hinterlässt mit den Wappen der drei Staaten einen fast absurden Eindruck angesichts der freien Flächen ringsum. Ein beinahe utopischer Ort in windiger Kammlage.

Von Schmugglern und Schreibern

Richtig festgeschrieben wurde der Grenzverlauf in den 1760er-Jahren durch das Hochstift Passau und Österreich – was manche von den Untertanen gewinnbringend nutzten. Der Erbauer des Rosenberger Guts etwa, Matthias Rosenberger, genannt der Jockel Hiasl, bezahlte sein Gehöft in dem Flecken Lackenhäuser unterhalb des Dreisessels 1818 aus Schmuggeltantiemen. Entscheidend war: Die Kirche billigte den Handel, denn in den Zehn Geboten findet sich kein Schmuggelparagraf! Der Jockel Hiasl beschäftigte zeitweilig bis zu 100 Leute, die Branntwein, Tuche und Backwaren mit Mohn über die Grenze brachten. In seinem Haupthaus richtete er einen Gastbetrieb ein – und legte damit den Anfang des Tourismus im südlichen Bayerischen Wald. Ein Gast aber durfte später umsonst eine ganze Etage, das Ladenstöckl, bewohnen: der Schriftsteller Adalbert Stifter. Er dankte die kostenlose Logis mit poetischer Erwähnung in »Aus dem baierischen Walde« und »Witiko«.

INFO

EIN MUSEUM FÜR DEN EXOTEN

Auf sehr zufällige Art kommt hier das Schöne mit dem gern Verdrängten zusammen: Oberhalb der kleinen Siedlung Lackenhäuser teilen sich das Adalbert-Stifter-Museum und ein Altenheim das Gebäude, wenn auch sorgfältig abgetrennt. Das passt mit ebensolchem Zufall dazu, dass der Autor von Büchern wie »Der Nachsommer« und »Bergkristall« im Rosenberger Gut mehrere Wochen seiner letzten Lebensjahre verbrachte, zum Schluss stark von Leberzirrhose gezeichnet. Das kleine Museum zeigt Bilder und Fotografien des fast vergessenen Meisters der haarfeinen Schilderung, der einen Schneesturm mit der gleichen Hingabe beschreiben konnte wie eine in Zentimeterschritten wachsende Liebesbeziehung im prüden 19. Jahrhundert. Das einzige dem Schriftsteller gewidmete Museum Deutschlands zeigt Gemälde Stifters, Dokumente und Erstausgaben.

WEITERE INFORMATIONEN

Adalbert-Stifter-Museum, Lackenhäuser 146,
94089 Neureichenau
neureichenau.de

↖ Kahle Kuppe mit großer Aussicht – am Dreisessel wächst der Wald erst neu heran.
↑ Ein kleines, feines Museum zum großen Schriftsteller der Region: Adalbert Stifter

45

FINSTERAU – FREILICHTMUSEUM

EINE ZEITREISE

Hier kommt zusammen, was eigentlich auseinanderliegt – räumlich und zeitlich: Das Freilichtmuseum in Finsterau lässt dem Verfall geweihte Bauernhäuser wiederauferstehen, die vom längst vergangenen Leben im Bayerischen Wald erzählen. Ein 140 Jahre alter Tanzsaal und ein bescheidenes »Sachl« gehören auch dazu.

Fast meint man noch zu hören, wie die Sohlen aufs Parkett schlugen und die Absätze klapperten; zu sehen, wie sich die Paare drehten und die Stimmung hochschlug: Ein Tanzsaal gehörte um die vorletzte Jahrhundertwende für ländliche Ausflugslokale zum guten Ton. Das Salettl hier, ein »den Anforderungen der Neuzeit entsprechendes geräumiges Glashaus«, ließ es zu, dass auch im Winter »alle Art von Vergnügungen wie Bälle, Hochzeiten etc. abgehalten werden können«, so vermerkt es die Bauakte im Jahr 1899. Der bemalte Holzständerbau mit Laubengang, Zeltdach und hohen Schablonenfenstern war bestens gerüstet für die Reisenden auf der Strecke Passau–Schärding und für die Einwohner der Ortschaft Mariahilf. Um das Jahr 1881 hatte der Gastwirt Mathias Späth das Salettl errichtet und die Konzession erhalten, weil »die Späth'sche Wirtschaft zur Labung sehr in Anspruch genommen« wurde und auch Sommergästen als Ausflugsziel vom nahen Passau diente. Heute steht die Trinkhalle an einem der stillsten Orte Deutschlands und träumt ihrer Vergangenheit hinterher.

Vom einfachen Leben

Das Klima ist rau auf knapp 1000 Metern Meereshöhe im hintersten Winkel des Bayerischen Waldes. Selbst die Gipfel von Rachel und Lusen liegen noch vor Finsterau, dafür ist die böhmische Grenze ganz nah. Leicht neigt sich der Hang, auf den sich die mehr als 20 zusammengetragenen Gebäude verteilen. Manche Bauernhäuser künden von einigem Wohlstand, bei anderen pfeift die Armut durch jedes Astloch. Abtragung und Wiederaufbau zielen seit der Gründung des Freilichtmuseums 1980 darauf, die historische Wirklichkeit zu spiegeln. Statt um die Rekonstruktion des ursprünglichen Zustands geht es um einen Eindruck von den Umbauten der Gebäude, je nach den Zwecken, denen sie durch die Jahrhunderte zu dienen hatten.

Viele Höfe bewahren noch die originale Einrichtung, die Töpfe in der Rauchkuchl oder die Kittelschürze am Türhaken. Kleidung, Betten und selbst die Ställe wirken oft winzig, etwa im Sachl aus Rumpenstadl. Sachl hießen Höfe ohne weiteren Namen, die ihre Besitzer kaum ernährten. Erbaut um 1766, ist das Sachl nur ein Teil des ursprünglich größeren Schwankl-Hofs, der ab Ende des 19. Jahrhunderts verfiel. Um 1914 war nur noch das Wohnstallhaus übrig, das der Steinhauer und Gredsetzer Alois Graf mit seiner Familie bewohnte, und eine kleine Fläche Nutzland. Die Frau starb früh, nach dem Tod des Vaters übernahm die jüngere Tochter Karolina 1946 das Kleinhäusl und wohnte darin bis an ihr Lebensende 1979 in einfachsten Verhältnissen. Dass sich das wenige Inventar erhalten hat, liegt wohl

→ Das Freilichtmuseum hat viele museumspädagogische Angebote. Sie zeigen Kindern, wie beschwerlich der Alltag im Bayerischen Wald war.

an seinem geringen antiquarischen Wert und der zeitnahen Translozierung, so das Fachwort für die Versetzung, ins Museum. Als das umgesiedelte Sachl der Öffentlichkeit präsentiert wurde und man sich fürs authentischere Eröffnungsbild eine Kuh auslieh, passte das moderne Hochleistungsrind nicht durch die schmale Stallöffnung. Sogar das Vieh war früher bescheidener.

Wurzeln geschlagen

Das Kontrastprogramm zum Sachl bildet der Petzi-Hof. Mit seinen sieben Gebäuden ist der stattliche Vierseithof einer der letzten großen, originalgetreu erhaltenen Bauernhöfe des Bayerischen Waldes. Errichtet 1704, umfasste er ein Wohnspeicherhaus, mehrere Stallungen, einen Stadel, ein sogenanntes Inhaus, Backofen und Austragshaus. Die Umsetzung war eine Mammutaufgabe und hat ihrerseits Geschichte geschrieben als in allen Details getreue Translozierung. Selbst der Weinstock hat am neuen Platz Wurzeln geschlagen. Das Schicksal des reichen Petzi-Hofs gleicht dem des Sachls: Eine unverheiratet gebliebene Tochter wohnte und bewahrte das Elternhaus seit Ende der 1930er-Jahre im Originalzustand, wohl eher aus Geldmangel denn aus Nostalgie. Doch vielleicht auch aus Gründen des guten Geschmacks: Das Mobiliar der »Schönen Kammer« aus Kirschholzfurnier, die schlichte, hölzerne Einrichtung, Wäsche, Gläser und Geschirr stellen fernöstliche Erzeugnisse mit Vintage-Etikett leicht in den Schatten.

Das Gestern im Heute

Es existiert ein weiteres Freilichtmuseum in der Region, zusammengetragen von einem privaten Sammler, der mit der Veranstaltung von Schlafbusreisen zu Geld gekommen ist. Nach dem Prinzip der optimalen Platzausnutzung stehen auch die alten Gebäude zusammen. Um einen Teich gruppieren sich Kapellen, Mühlen, Backkaten, Höfe, Hallen, ganze, halbe und von Schüssen napoleonischer Soldaten durchsiebte Häuser, dazu Busse und Feuerwehrautos aus verschiedenen Jahrzehnten, Bienenstöcke, Werkzeug, Wegkreuze.

Dagegen mutet das Gelände von Finsterau fast karg an. Mit einigem Abstand liegen hier die meisten Bauwerke, deren ursprüngliche Standorte halbe Tagesreisen trennten. Nur am Eingang zum Freilichtmuseum konzentrieren sich Gebäude, die zu Zwecken der Geselligkeit entstanden – die Straßenwirtschaft Ehrn und das Salettl der Familie Späth am Wirtsgarten. Davon abgesehen regiert die Einsamkeit den Alltag, so wie es im rauen Bayerischen Wald lange war. Was genau den Reiz dieses Ortes ausmacht? Es ist schön zu sehen, wie wenig das Leben braucht. Hier wird Vergangenheit lebendig, aber nicht beliebig, hier sammeln sich die Dinge des einst täglichen Gebrauchs, doch haben sie ihre Bedeutung nur durch die menschliche Hand erlangt. Beim bittersüßen Spaziergang in die bäuerliche Vergangenheit ist das ein tröstlicher Gedanke.

↗ Der 140 Jahre alte Tanzsaal ist ein besonderer Zeuge des Landlebens – von den frohen Stunden.
↖ Der Petzihof gilt als das Paradestück unter den »translozierten« Höfen von Finsterau.
← Vom Himmelbett des Austragsbauern konnten Magd und Knecht nur träumen.

INFO

VIELFÄLTIGER WALD

Eine Zeit lang war der Bayerische Wald als Urlaubsregion etwas aus der Mode gekommen, doch seit Jahren erfreut er sich – vor allem auch wegen seines in jeder Hinsicht vorbildlichen Nationalparks – wachsender Beliebtheit. Wer kommt, hat die ganz große Auswahl zwischen der Behaglichkeit von Wellnesshotels mit Spa, Massage und Dreiviertelpension und der Baumhausübernachtung im Wildniscamp. Es gibt Baumwipfelpfade am Lusen und in St. Englmar, urige Gaststätten wie die Trifter-Klause Schwellhäusl in Zwieselerwaldhaus und Feinschmecker-Restaurants wie das »Johanns« in Waldkirchen, außerdem Museen und Sommerrodelbahnen. Im Winter werden mehr als 30 Loipen gespurt, 72 Pistenkilometer warten bei guter Schneelage, und nahezu überall ist das Schneeschuhwandern möglich. Zu den schönsten Unternehmungen in den Sommermonaten gehört eine Kanufahrt auf der Ilz oder auf dem Schwarzen Regen. Manche Flussabschnitte wirken so unberührt, dass sie der Region den Namen »Bayerisch-Kanada« eingetragen haben. Über insgesamt 107 Kilometer führt die komplette Regen-Tour vom Blaibacher See bis Regensburg.

WEITERE INFORMATIONEN

freilichtmuseum.de
bayerischer-wald.org

Für Wassersportler sind Ilz und Regen kleine Paradiese.

46

LANDSHUT – BURG TRAUSNITZ

EIN HAUCH ITALIEN

Fröhlich bemalt, mit viel Renaissance-Schick umgebaut, der Stammsitz der Wittelsbacher, als es der Firma besonders gut ging – die Burg Trausnitz hoch über Landshut ist bestens geeignet, alle Vorurteile über düstere Mittelalterburgen über Bord zu werfen. Allerdings blieb außer der schönen Hülle wenig erhalten.

Ziemlich genau 250 Jahre führten die Wittelsbacher als Herzöge von Niederbayern von dem damals noch Burg Landshut genannten Amtssitz aus ihre Regierungsgeschäfte – doch heute begegnet man vorwiegend zwei Personen an den sparsam dekorierten Wänden von Burg Trausnitz: Wilhelm V., genannt »der Fromme«, und Renata, Prinzessin aus Lothringen. Das liegt, man traut es dem asketisch wirkenden Wilhelm gar nicht zu, an seiner Liebe zum Theater. 1548 wurde Wilhelm auf der Burg geboren, die man erst kurz zuvor im Geschmack der neuen Zeit umgestaltet hatte. Der Erbprinz setzte vor Beginn seiner eigenen Regentschaft das Renaissance-Fresh-up fort mit Arkaden, Galerien und dem »italienischen« Anbau, in dem eine Wendeltreppe die Kabinette auf jedem Geschoss verbindet. Ihre Wände sind bis auf den letzten Quadratzentimeter mit Szenen aus der Commedia dell'arte geschmückt, dem traditionellen venezianischen Theater. Nur Wilhelm ging über die sogenannte Narrentreppe hinauf zu seiner Renata, oder Renata stieg herunter zu Wilhelm – vorbei an Colombina, Brighella und Pantalone, dem ewig betrogenen Alten, allesamt gemalt von Alessandro Paduano.

Damals war die ganze Burg mit farbiger Illusionsmalerei versehen und wo nicht, hingen schwere Wirkteppiche vor den Wänden. Einer zeigt die Gründung Landshuts durch Otto I., den ersten Wittelsbacher-Herrscher, die in Wirklichkeit auf seinen Sohn, Heinrich den Kelheimer, zurückgeht. Geschehen 1204, dem Jahr der Grundsteinlegung von Burg Trausnitz. Gut 30 Jahre später war das Burg-Werk mit Bergfried, Palas, Kemenate und Ritterschule, umschlossen von wehrhaften Ringmauern, bereits vollendet.

Leer, aber schön

Nur noch eine einzige Wand zeugt heute vom früheren Bildschmuck und zeigt die Göttinnen Diana und Ceres im Schäferambiente. Die anderen Malereien sind verschwunden: getilgt, weil sie späteren Jahrhunderten nicht mehr gefielen, vor allem aber verbrannt, weil ein vergessener Tauchsieder einen Putzeimer durchschmorte. Zwar wurden nach jener Feuersbrunst im Oktober 1961 die Treppen und Fassaden wieder instand gesetzt, doch die Böden und Decken, die gesamte Einrichtung und die Wandbilder fielen im Fürstenbau den Flammen zum Opfer. Nur die spätromanische Georgskapelle, die Narrentreppe und ein paar Stühle von Ludwig II., der hier hin und wieder abstieg und sich ein paar Zimmer ausstaffieren ließ, blieben übrig. Die Burg Trausnitz – eine wehrhafte Hülle.

← Die Malereien im Treppenhaus haben den großen Brand der 1960er-Jahre überstanden.
↓ Die Altstadt ist Landshuts Einkaufsstraße, Treffplatz und Stadtmittelpunkt.

INFO

LANDSHUTER CAFÉMEILE

Wenn Landshuter von »der Altstadt« sprechen, dann meinen sie nicht den Bereich innerhalb früherer Stadtmauern, sondern dann geht es um einen einzigen, wenn auch sehr langen Straßenzug. »Die Altstadt« misst rund 700 Meter, sie führt an St. Martin vorbei, der zentralen Kirche mit dem weltweit höchsten Backsteinkirchturm, und endet auf der Zweibrückenstraße, die über die Isar führt. Zahlreiche alte Gassen zweigen von der historischen Geschäftsstraße ab. In ziemlich gerader Flucht reihen sich hübsche Giebelhäuser in allen Farben des Pastelltuschkastens aneinander. In beinahe jedem gibt es ein Geschäft oder Café, sodass das Stadtmarketing von der »längsten Straßencafé-Meile« Bayerns spricht. Weitgehend autofrei und kopfsteingepflastert wirkt die bis zu 30 Meter breite Altstadt wie ein Platz, luftig und großzügig.

WEITERE INFORMATIONEN

Burg Trausnitz, 84036 Landshut, Führungen unter burg-trausnitz.de
schloesser.bayern.de
landshut.de

Eine blaue Stunde mit viel Rot und Orange über der Burg Trausnitz und der Stadt Landshut

REGISTER

BILDNACHWEIS

Bayerische Schlösserverwaltung: S. 8/9 u. 3. v. l. n. r., 10 2. v. l. n. r., 110, 112 (2), 128 (© Bayerische Schlösserverwaltung, Achim Bunz, München); 40 (© Bayerische Schlösserverwaltung, Veronika Freudling, München); 42 o. (© Bayerische Schlösserverwaltung, Rose Hajdu/Bildarchiv Foto Marburg, München); 42 u. (© Bayerische Schlösserverwaltung, Andrea Gruber, München); 43 (© Bayerische Schlösserverwaltung, Maria Scherf/Andrea Gruber, München); 108 (© Bayerische Schlösserverwaltung, James Edward Albright Jr., München); 125 (© Bayerische Schlösserverwaltung, SGV Bamberg, München); 126 o. (© Bayerische Schlösserverwaltung, Maria Scherf, München); 126 u. (© Bayerische Schlösserverwaltung, Christa Brand, München); 130 u. (© Bayerische Schlösserverwaltung, Thomas Köhler, München); 131 (© Bayerische Schlösserverwaltung, Heiko Oehme, München)

Lookphotos: S. 6/7 u. 1. v. l. n. r. (Jorda, Christoph); 8/9 o., 97 o. (Aumiller, Sonia); 17 m. r., 55, 70, 71, 72/73, 127 u. (Frei, Franz Marc); 18 (Lengler, Gregor); 19 o. l., 19 o. r. (Stankiewicz, Thomas); 11 l., 19 o. m., 44 (Werner, Florian); 19 u. (Greune, Jan); 22 m. (Leue, Holger); 23 m. (Maeritz, Kay); 23 m. r. (Schickert, Peter); 23 u. m. (Mutter, Anna); 23 u. r. (Delimont, Danita); 49 o. (Bäck, Christian); 51 (Design Pics); 52 (Bias, Helge); 53 u., 60/61 (Maier, Norbert L.); 77, 96 o., 132, 146, 148/149 (Wohner, Heinz); 80/81 (Christian Mueringer); 88 (age fotostock); 96 u. (robertharding); 113 u. (Ixmeier, Markus); 123, 134/135, 139 (Wagner, Hanna); 147 (Zielske, H & D); 150 , 153 u. (Bayerl, Günther)

Britta Mentzel: S. 20, 27, 32/33, 34, 43 o., 82, 91, 114, 133, 160 (mit freundlicher Genehmigung der Bayerischen Schlösserverwaltung)

Shutterstock: S. 16 u. r. (Eugenia Petrovskaya); 17 o. (HobbitArt); 54 (footageclips)

Andere: S. 4/5 (Dr. Otmar Fugmann),; 6/7 o. (Der Tegernsee – Dietmar Denger); 6/7 u. 2. v. l. n. r., 17 m. .l, 22 r., 58 o., 63 (München Tourismus, Sigi Müller); 6/7 u. 3. v. l. n. r., 38 (Hotel Kranzbach GmbH/A. Kompatscher); 6/7 u. 4. v. l. n. r., 39, 92, 94 (erlebe.bayern – Gert Krautbauer); 6/7 u. 5. v. l. n. r. (Martin Gabriel); 8/9 u. 1. v. l. n. r., 83 (Schloss Blumenthal); 8/9 u. 2. v. l. n. r., 137 (Tourist-Information Stadt Weiden, Matthias Kunz); 8/9 u. 4. v. l. n. r., 152 o. (Tourismusverband Ostbayern, Gerhard Illig);, 8/9 unten 5. v. l. n. r., 140 (Edward Beierle); 10 l., 90 (©www.guenterstandl.de); 11 r. (Tourismusverband Ostbayern, Gerhard Eisenschink); 14 (Tourismusverband Ostbayern); 15 l., 24/25 (Tourist Information Grassau, Richard Scheuerecker); 15 r. (Michael Hackl); 16 u. l. (Stadt Bad Tölz); 22 l. (Stadt Bad Kötzting); 23 o. (Rüthenfestverein e.V. Landsberg am Lech); 23 m. l. (Michael Walter); 26 (Chiemgau Tourismus e.V.); 28 (Tourist-Info Waginger See, R. Scheuerecker); 29, 69 (Burghauser Touristik); 30 (Bergerlebnis Berchtesgaden); 35 (Tourist Information Grassau); 36 (Olaf Gulbransson Gesellschaft e.V. Tegernsee, Regine Hackenberg); 37 (Der Tegernsee, Dietmar Denger); 45 (Schönegger Käse-Alm); 46 (Gabriele Münter- und Johannes Eichner-Stiftung, München); 48 o. (Thomas Rychly); 48 u. (Angela und Lutz Stoess Fotografie); 49 u. (Simon Bauer); 53 o. (erlebe.bayern – Florian Trykowski); 57, 58 u., 59 o. (erlebe.bayern – Klaus Fengler); 59 u. (Bernhard Huber); 62 (Fabian Christ); 64 (München Tourismus, Tommy Loesch); 66 (München Tourismus, Markus Dlouhy); 67 o. (München Tourismus, Thomas Klinger); 67 u. (Vadim Kretschmer); 68 (Altstadthotels Burghausen); 74 (Naturpark Altmühltal); 75 (Zum Alten Wirt, Familie Weiser); 78 (2), 79 o. (Christian Klenk, Eichstätt); 79 u. (Jürgen Isl); 84 (Achim Bunz, Kunstsammlungen & Museen Augsburg); 85 (Regio Augsburg Tourismus Martin Augsburger); 86 (www.frabauke.de; Ballonmuseum Gersthofen); 87 (Der Tegernsee – Hansi Heckmair); 89, 131 u. (erlebe.bayern – Tobias Gerber); 93 (Pfronten Tourismus Waldseilgarten Hoellschlucht); 97 u. (Martinsmühle); 98/99, 122 (Bayerische Staatsforsten, Martin Hertel); 101, 102 o. (Thomas Linkel; Amt für Kultur und Tourismus Dinkelsbühl); 102 u., 103 u. (Rack Fotografie); 103 o. (Sandra Lindenmeier; Amt für Kultur und Tourismus Dinkelsbühl); 104 (Stadt Nürnberg / Christine Dierenbach); 105 (Deutsches Museum Nürnberg / Ludwig Olah); 106 (Stadt Nürnberg / Michaela Leykauf); 107 (Stadt Nürnberg / Ralf Schedlbauer); 109 (Florian Trykowski); 113 o. (erlebe.bayern – Dietmar Denger); 115 (Bayerisches Staatsbad Bad Kissingen GmbH); 116, 118/119 (erlebe.bayern – Thomas Linkel); 117 (Rhön GmbH, Foto: Florian Trykowski); 120 (Hans Hechtfischer); 121 (Schafhof Amorbach); 127 o. (Stadtwerke Bamberg, Markus Reinfels); 130 o. (Ramona Schirner); 136 (Tourist-Information Stadt Weiden, Thomas Kujat); 138 (Markus Rebmann); 141 (Daniela Hübler); 143, 145 o. (Stadt Regensburg, Stefan Effenhauser); 144 (RTG, well_outside); 145 u. (Hans Christian Wagner); 152 (2) (Passau Tourismus e.V.); 154 (ARGE Dreiländereck); 155 (Tourist Info Neureichenau); 157, 158 (2), 159 o. (Freilichtmuseum Finsterau und Massing); 159 u. (erlebe.bayern – Peter von Felbert); 161 (Stadt Landshut / josieloves.de); 162/163 (Stadt Landshut / Moritz Meier)

DIE AUTORIN
Obwohl sie schon ihr halbes Leben in Bayern wohnt und dort viel herumgereist ist, konnte **Britta Mentzel** auf der Recherchetour für dieses Buch einige Entdeckungen machen. Ihr Eindruck: Je weiter entfernt von den Touristenklassikern, desto interessanter ist Bayern.

IMPRESSUM

Verantwortlich: Carola Holzer
Lektorat: Volker Weitzel
Layout: Tanja Clauss, Clauss Designagentur
Korrektorat: Christine Miller
Repro: LUDWIG:media
Kartografie: Huber Kartographie GmbH
Herstellung: Alexander Knoll
Printed in Türkiye by Elma Basim

★★★★★

Sind Sie mit diesem Titel zufrieden? Dann würden wir uns über Ihre Weiterempfehlung freuen.
Erzählen Sie es im Freundeskreis, berichten Sie Ihrem Buchhändler, oder bewerten Sie bei Onlinekauf. Und wenn Sie Kritik, Korrekturen, Aktualisierungen haben, freuen wir uns über Ihre Nachricht an Bruckmann Verlag, Postfach 40 02 09, D-80702 München oder per E-Mail an lektorat@verlagshaus.de.

Unser komplettes Programm finden Sie unter

www.bruckmann.de

Umschlagvorderseite: Abendlicht über dem Bergdorf Wamberg (Reinhard Schmid/HUBER IMAGES).
Umschlagrückseite: oben v.l.n.r.: Frühling am Rothenburger Tor in Dinkelsbühl (Ingrid Wenzel), Das Ruethenfest in Landsberg am Lech (Martina Birnbaum, Ruethenfestverein e.V. Landsberg am Lech), Hoch hinaus im Baumwipfelpfad im Steigerwald (Bayerische Staatsforsten, Martin Hertel); unten: Romantische Hafenweihnacht in Lindau (Wolfgang Schneider, Lindau).

Die Deutsche Nationalbibliothek verzeichnet diese Publikation in der Deutschen Nationalbibliografie; detaillierte bibliografische Daten sind im Internet über http://dnb.d-nb.de abrufbar.
1. Auflage 2024

Infanteriestraße 11 a,
80797 München
ISBN: 978-3-7343-3015-5